RADICAL DE VIE

Dincolo de Abuz

DR. LISA COONEY

Această carte este pentru TINE, cel care prosperă.
Nu este niciodată prea târziu pentru a te schimba.
Începeți de unde vă aflați astăzi.
S-ar putea să te simți distrus; totuși, ființa care ești nu poate fi
NICIODATĂ distrusă.
Este nevoie doar de o schimbare de un grad, iar aceasta constă în a lua
această carte și a schimba modul în care privești lucrurile.
Toate mulțumirile și recunoștința mea profundă celor care au parcurs
acest drum împreună cu mine, lângă mine, alături de mine și departe
de mine.
Indiferent unde ați ajuns sau cum ați ajuns acolo, v-ați schimbat și
știți că ați făcut-o.
Nu uitați asta!
Vă mulțumesc.

INTRODUCERE

În ultimii 20 de ani, mi-am dedicat viaţa pentru a-i ajuta pe alţii să se elibereze din "închisoarea abuzului" şi să-şi creeze o viaţă plină de satisfacţie şi bucurie. Am lucrat cu mii de clienţi care sunt încântaţi de rezultatele strălucite pe care le-au obţinut prin tipul de facilitare pe care li-l ofer - unul echilibrat cu putere, sexualitate (energia de a primi) şi vulnerabilitate.

În această carte, veţi avea ocazia să aruncaţi o privire asupra muncii mele; care vă permite nu numai să depăşiţi un trecut abuziv, ci vă propulsează dincolo de tot ceea ce v-a împiedicat până acum să trăiţi pe deplin.

În calitate de psihoterapeut, mi-am petrecut cea mai mare parte a carierei timpurii urmând o cale tradiţionalistă de gândire cu privire la modul în care oamenii se pot vindeca de traume şi abuzuri. Şi probabil că ar fi continuat dacă nu aş fi fost cel mai bun elev al meu.

Ai putea spune că tot ceea ce am învățat a fost câștigat pe calea cea mai grea - prin experiență.

Lasă-mă să-ți explic...

În primele două decenii ale vieții mele, am fost extrem de nefericită. Undeva în jurul vârstei de 20 de ani, am încercat să mă insensibilizez, consumând droguri și petrecând. Eram supraponderală și nu-mi păsa de mine.

Într-o noapte, aproape am murit din cauza comportamentului meu nesăbuit.

Vedeți voi; am crescut într-o familie foarte violentă, fiind abuzată sexual, fizic și emoțional din fragedă copilărie și până la 20 de ani.

Mă simțeam vinovată, neajutorată și terorizată tot timpul. Nimic din ceea ce făceam nu părea să mă ajute, iar fericirea era inaccesibilă în mod iremediabil. Chiar să și trăiesc mi se părea imposibil. Abuzul avea control asupra fiecărui aspect al vieții mele.

Totul părea greșit, inclusiv eu.

Niciodată nu am simțit că mă potrivesc nicăieri. Singurul lucru care mă făcea fericită erau alcoolul și evadarea. Aș fi băut sau aș fi tras pe nas tot ce mi-a căzut în mână pentru a nu simți nimic. Mi se părea cea mai bună cale de a exista; amețită și confuză.

Când am ajuns la facultate, mă plimbam prin campus cu ochii în jos și cu umerii cocoșați. Într-o zi, o profesoară mi-a întins mâna și m-a întrebat dacă mă simt bine. Nimeni nu mă mai întrebase așa ceva până atunci. Niciodată. Ochii mi s-au umplut imediat de lacrimi.

Ea m-a ajutat să realizez că ceea ce trăiam era tratabil și m-a umplut de speranță că pot trece peste toate astea și îmi pot crea o nouă viață. Și asta este ceea ce am și făcut.

Astăzi, îmi trăiesc viața de vis, dincolo de tot ceea ce mi-am putut imagina vreodată: Călătoresc pentru muncă și de plăcere la nivel internațional, facilitând cursuri despre cum să fim Radical de Vii Dincolo de Abuz și cum să primim energie cu corpul nostru. Locuiesc într-o casă frumoasă pe care o împart cu o persoană pe care o ador. Sunt înconjurată de 25 de acri de pământ frumos, 20 de cai, 3 câini și de multe altele. Am relații intime, hrănitoare și de susținere cu prietenii și cei dragi. Sunt energetică și aleg mereu mai mult.

Indiferent de traumele și tragediile din trecut, sunt vigilent în a face alegeri dincolo de ele. Sunt fericită - cel mai fericită am fost vreodată cu mine. M-am "primit" în sfârșit pe mine și continui să învăț noi modalități de a face acest lucru.

ABUZUL NU ARE LIMITE

Abuzul, prin însăși natura sa, acoperă un teritoriu vast.

Ni se întâmplă nouă și *se întâmplă în interiorul* nostru - și se perpetuează în toate colțurile și crăpăturile experienței noastre.

Se manifestează în modul în care gândești, vorbești, acționezi - și nu acționezi.

Se manifestează în finanțele tale, în capacitatea ta de a câștiga bani, în tipurile de slujbe sau de muncă pe care le alegi.

Se manifestează în fiecare relație pe care o aveți - de la vecinul de pe stradă, la prietenii pe care îi păstrați sau la partenerul cu care vă implicați.

Sau cu care nu vă implicați.

Se manifestează în sănătatea ta, în felul în care arată și funcționează corpul tău, în alimentele pe care le consumi. Și aș putea continua...

Nu contează unde vedeți că se situează experiența dumneavoastră în continuumul abuzului. Important este să recunoașteți și să contestați aceste experiențe. Poate că ai trecut prin abuzuri în copilărie, precum trauma și oroarea pe care am trăit-o eu. Sau poate că părinții tăi au divorțat când erai mic și nu ți-ai mai văzut niciodată tatăl (sau mama). Poate că părinții tăi s-au certat din cauza banilor și astăzi te lupți să îți câștigi existența.

Oricare ar fi varietatea sau amploarea acesteia... toate sunt binevenite aici. Trăim într-un Univers incluziv.

EVADÂND ÎN LIBERTATE

Cum ar fi pentru tine să trăiești dincolo de experiența ta actuală? Ce vise ai în inimă? Ce șoapte ale conștiinței auziți?

Poate că știi sau poate că nu. Nu toți cei care vin la mine încep prin a ști ce își doresc la nivel conștient. Ani de negare, de critică și de abuzuri au un preț ridicat în costul vieții și, uneori, tot ceea ce îți rămâne de arătat este o mică frântură de viață, abia rezistând.

Această carte o să îți arate cum să evadezi din ceva ce eu numesc 'cușca invizibilă a abuzului.'

Vă va deschide mintea către noi idei despre ceea ce este posibil și vă va oferi concepte cu care vă puteți implica oriunde și oricând. Nu contează dacă aveți sau nu o istorie de abuzuri din trecut, deoarece aceste principii și sfaturi vor funcționa pentru oricine.

Pe de altă parte, dacă aveți un trecut abuziv, ar putea fi un colac de salvare.

O notă: Dacă descoperi că unele dintre conceptele - şi limbajul - folosite sunt noi pentru tine, este un lucru bun. Nu, nu este vorba de o greşeală de tipar, ci de un mod specific de a spune ceva care este înrădăcinat în anumite modalităţi pe care le folosesc. Pentru că, deşi sunt o psihoterapeută licenţiată, am fost, de asemenea, formată şi certificată în multe tipuri de terapii alternative de vindecare, aşa că uneori alegerea cuvintelor mele derivă de acolo. (Dacă vrei să afli mai multe, vizitează-mi te rog website-ul www.DrLisaCooney.com)

Un lucru este sigur.

Dacă pui în practică materialul pe care îl citeşti aici, vă *veţi* debarasa de tot ceea ce vă chinuie sau vă împiedică să alegeţi ceea ce doriţi să creaţi.

Acest lucru te va duce în direcţia a ceea ce eu numesc " *Chef de Viaţă Radical*"... şi abia aştept să îl împărtăşesc cu tine.

Să începem!

Dr. Lisa Cooney

conştientă decât înainte de trupul meu. Relaţiile mele vin mai uşor şi cooperez cu ceilalţi în afaceri, ceea ce evitam anterior. Mai mult de atât... aleg pentru mine la un alt nivel şi creez o viaţă care funcţionează. Acestea sunt doar câteva dintre modalităţile în care Radical de Vie sa manifestat pentru mine până acum. Cum se poate mai bine de atât?

A lucra cu Dr. Lisa a fost singurul lucru bun pe care l-am făcut pentru mine! Viaţa mea s-a schimbat în moduri la care doar aş fi visat în trecut. Am lăsat în urmă o viaţă întreagă în care am trăit ca o victimă. În acest proces am devenit stăpână pe mine şi sănătoasă din toate punctele de vedere – fizic, mental, emoţional şi spiritual. Am fost capabilă să părăsesc un loc de munca groaznic, mi-am dublat venitul şi am creat o nouă afacere. Am pierdut mai bine de cincizeci de kilograme, şi am o relaţie sănătoasă cu un partener iubitor. Mulţumesc, mulţumesc, mulţumesc.

Dr. Lisa este o vindecătoare atât de puternică şi dedicată, capabilă să transforme fiecare blocaj pe care îl întâlneşte. Aceasta a creat o atmosferă de deplină încredere şi siguranţă, permiţând celor mai adânci frici, blocaje şi convingeri să iasă la suprafaţă şi să fie vindecate. Este un dar minunat să lucrez cu unul dintre cei mai puternici vindecători din lume.

Lisa este cea mai BUNA! Ca un fost medaliat cu aur şi campion internaţional, susţin munca revoluţionară pe care Dr. Lisa o face în ceea ce priveşte împuternicirea şi vindecarea. FUNCŢIONEAZĂ!

Această carte îți este dedicată ție, cititorule, mulțumesc că ai ales o nouă posibilitate pentru tine. Mulțumesc că ai ales să te eliberezi de trecut. Mulțumesc pentru că știi că indiferent care este sau a fost tragedia, trauma sau limitarea, ești un creator puternic și capabil de avengură și că poți alege întotdeauna dincolo de circumstanțe.

Dacă ești ca mine poate ca o dată sau de mai multe ori să fi căzut pradă depresiei, bolii, lipsurilor și singurătății. Am descoperit că uneltele și cuvintele exprimate în această carte, m-au ajutat în procesul de recuperare a celei mai libere și complete expresii de sine. Am încercat să fiu simplă și pragmatică aici. Sper să fie și pentru tine util.

Știu, cu trauma și abuzul, lucrurile nu sunt atât de simple și este iminent să fii copleșit. Sper să găsiți pace și chiar mângâiere știind că atâta timp cât nu renunțați, nu cedați și nu abandonați aceste cuvinte pot funcționa și pentru dumneavoastră.

Fie ca tu să îți găsești inspirația și ca tragedia ta să se transforme în Radical de Vie Dincolo de Abuz.

Prietenul meu, întotdeauna:

Alege-te pe TINE

Dedică-te ȚIE

Colaborează cu Universul care Conspiră sa TE Binecuvânteze și Creează pentru și cu TINE.

CAPITOLUL 1

DEPĂȘIND ÎNCHISOAREA INVIZIBILĂ A ABUZULUI

Să mergem mai departe este simplu. Ce lăsăm în urma este greu.

— *DAVE MUSTAINE*

"Îmi poți da detalii despre abuzurile din primii ani ai copilăriei?"

A fost o tăcere lungă după ce editoarea mea mi-a pus această întrebare. Recent a revizuit, primul draft al cărții mele, Creând după Abuz și voia să adauge mai multe detalii despre trecutul meu abuziv. Am rugat-o să-mi dea un moment ca să pot să-mi amintesc totul.

După 8 minute întregi, am început să-i listez detaliile.

În timpul celor 8 minute. Mi-am scanat corpul în întregime și am fost surprinsă să descopăr că două decenii de abuz fizic, sexual, emoțional, financiar, spiritual și psihologic. Nu mai " locuiau" în interiorul corpului meu, deși îmi puteam aminti greutatea tuturor actelor.

În timp ce împărtăşeam aceste detalii cu ea, mă simţeam ca şi cum aş fi împărtăşit povestea unui client sau a unui prietene, nici decum a mea. Nu am disociat şi nici nu m-am deconectat, ci mai degrabă m-am întrupat dincolo de povestea mea de abuz.

Am zâmbit pe măsură ce am realizat cât de departe am ajuns în călătoria mea de a merge dincolo de abuz. Unul dintre lucrurile care m-au ajutat imens a fost citirea cărţilor de dezvoltare personală- exact cum faci şi tu acum- evidenţiind propoziţii până când cuvintele au sărit de pe pagină şi au intrat în mine, arătându mi o frântură dintr-o realitate diferită. Ştiind că alţii au înţeles ce am experimentat, mi-a dat speranţă.

Şi am descoperit cu certitudine că nu eram singură.

Am făcut şi alte lucruri de asemenea. De exemplu. Am încercat să escaladez, să meditez, să înot, să merg cu bicicleta ca să scot abuzul din mine. Am căutat consiliere. Şi chiar am primit un master şi doctorat în psihologie eu însumi. M-am dedicat să continui să mă educ, atât clinic, cât şi energetic şi psihologic, determinată fiind să găsesc o cale să trec mai departe dincolo de abuz,

Pe măsură ce am facilitat workshop după workshop şi i-am eliberat pe alţii de abuzul lor personal, în cele din urmă, m-am eliberat şi pe mine însumi. Şi nu m-am mai oprit. Dedicarea mea continuă să fie eradicarea şi eliminarea abuzului în toate cele multe forme ale sale de pe planetă, prin mişcarea Live your ROAR.

DEPĂȘIND ABUZUL: O NOUA PARADIGMA A VINDECARII

Poate că ați experimentat abuzul, fie el sexual, fizic, spiritual, financiar sau emoțional. Se poate să fi fost un singur eveniment sau o serie de incidente.

Se poate să fi investit deja foarte mult timp și energie în vindecarea experienței abuzive și se poate să nu fi văzut rezultatele pe care le doreai. E de înțeles. Din păcate, descoperit că multe unelte și practici care precedă tactica pe care eu am adoptat-o pentru a trece dincolo de abuz Se fixează pe ideea de a ne repara singuri și de a ne definii prin povestea abuzului nostru.

Eu nu sunt de credința că trebuie să ne reparăm singuri ca să fim liberi. Când adoptăm acest model, presupunem că este ceva în neregulă cu noi și căutăm soluții să rezolvăm o problemă. Devine o groapă fără fund. Și nu găsim niciodată sfârșitul pentru că niciodată nu ne simțim reparați sau întregi. În schimb, te vei găsi învârtindu-te în cercuri, întrebându-te dacă se va sfârșit vreodată, așteptând ziua când în sfârșit vei fi vindecat. Vindecarea abuzului se întâmplă în straturi, și de multe ori aceste straturi înseamnă să te concentrezi asupra a ceea ce este corect la tine ca piatră de temelie pentru a te împuternici dincolo de abuz.

Acest capitol, din care o parte este preluat din următoarea mea carte, Creând după Abuz, descrie o nouă metodă de vindecare.

Vei descoperi când nu e nevoie să repari nimic sau să rămâi definită de abuzul tău. De asemenea, vei descoperi cum să faci alegerea să închei perpetuarea și să nu mai accepți ca un act sau o serie de evenimente să-ți domine întreaga viață.

ÎNCHISOAREA INVIZIBILĂ A ABUZULUI

Mi-am petrecut mare parte din viață într-o cușcă invizibilă.

Eu spun că era invizibilă pentru că, deși am trăit din interiorul său, ca un prizonier tăcut. Nu eram nici măcar conștientă că există. Mi-a luat decenii să-i găsesc un nume. Sunt tot atât să o modelez într-un mesaj pe care să-l pot împărtășii cu lumea întreagă. Totuși, de fiecare dată când vorbesc despre această închisoare invizibilă cu cineva care a suferit abuzuri, o privire de recunoaștere, adesea ușurare le trece pe față. Este posibil să aveți o experiență similară chiar acum, în timp ce citiți aceste cuvinte.

Cușca include o judecată subtilă cu privire la greșeala care ești tu, pe care tu o consideri adevărată. Cu alte cuvinte, te percepi ca fiind ”greșită”, sau nevrednică, din cauza abuzului care a avut loc. Această greșeală, devine filtru prin care experimentez și percepi realitatea, ca rezultat îți creezi viața, prin acea prismă și te închizi în ea.

Închisoarea ta e ca o fantomă care îți șoptește în ureche continuu. Îți șoptește când te confrunți cu greutăți. Chiar și când viața este bună, nu se oprește. De fapt, acestea sunt momentele în care e posibil să devină din ce în ce mai gălăgioasă ca să te țină închisă în acea colivie a abuzului. Trăind în limitele închisorii te ține într-un loc care îți este familiar. Există un confort ciudat în între granițele unei cuști, indiferent cât de mult ți-ai dori să trăiești dincolo de ele.

Cușca se bazează pe lipsă, limitare, și minciună.

Cușca te ține departe de libertate, plăcere și posibilitate.

Să trăiești în interiorul cuștii este să trăiești fără voce. S-ar putea să poți vorbi și să funcționeze în lume. Dar o parte din tine rămâne izolată, tăcută, și ruptă de realitate - o parte care trăiește în interiorul tău, amorțită și lipsită de viață.

Durerea de a trăi în acea închisoare poate fi atât de mare uneori încât faci alegerea să nu te perinzi pe acolo deloc. Se poate să te amorțești sau să te deconectezi pentru a evita durerea, s-ar putea să faci acest lucru periodic pe parcursul zilei, deconectându-te de la corpul tău. Ai putea chiar să folosești mâncare, alcool, droguri sau medicamente ca să te deconectezi la un nivel mai profund.

Devii o carapace a ceea ce ești cu adevărat.

Te întrebi de ce te „auto-sabotezi", când ceea ce faci operează din interiorul cuștii, și este conceput să lupte împotriva vieții ca tu să spui, *„nu"* dintr-un loc de contracție decât să îmbrățișezi viața să spui *„da"* dintr-un loc de expansiune. Din interiorul cuștii tu continui să reacționezi la viață după tiparele abuzului trecut, iar acest lucru îl menține în viață.

Poate că, de asemenea, ai observat că atunci când trăiești din interiorul cuștii, aceasta rezonează prin toate celelalte zone ale vieții tale. Atunci când filtrezi lumea prin lentilele abusului este ca și cum mai mult este atras spre tine, conducând către mai multă învinovățire de sine. Iar fraze de genul " Îți creez propria realitate" nu ajută. Când tiparul abuzului continuă să se perpetueze, iar tu nu știi cum să-l oprești, adaugă la sentimentul că este ceva în neregulă cu tine.

Ceea ce se întâmplă adesea în interiorul cuștii este că, din cauză că abuzul ne sufocă realitatea, percepția noastră se transformă într-o formă ușoară de nebunie. Ceea ce pare adevărat poate fi fals și viceversa. Ne trezim că avem încredere în oameni în care nu ar trebui și că nu avem încredere în oameni în care am putea avea. Pot apărea în viața noastră oameni care reprezintă toate lucrurile pe care am spus că vrem să le creem şi să le manifestăm, dar îi îndepărtăm pentru că a ne angaja cu ei ar însemna să trăim dincolo de colivie şi ne simţim inconfortabil făcând-o.

Dacă aţi umblat prin cuşca invizibilă a abuzului, probabil că aţi presupus că aceasta este singura dumneavoastră alegere. De fapt, pentru majoritatea oamenilor cu care am lucrat, ideea unei alegeri pare la început derutantă. Ni s-a vândut mitul conform căruia, pentru că am trecut prin abuz, viaţa noastră va fi pentru totdeauna plină de suferinţă. Viaţa dumneavoastră, până acum, v-a oferit, probabil, o mulţime de dovezi că acesta este cazul.

Cu toate acestea, a trăi în cuşca invizibilă a abuzului ca un prizonier tăcut nu este singura ta alegere.

ÎMPRIETENEŞTE-TE CU ÎNCHISOAREA ABUZULUI

Ceea ce am descoperit, sprijinind zeci de mii de oameni din întreaga lume să depăşească abuzul, este că nu neapărat ieşim din cuşcă cu o soluţie rapidă.

În primul rând, trebuie să ne creştem gradul de conştientizare şi să recunoaştem cuşca.

În acest moment s-ar putea să vă treziţi pentru prima dată şi să înţelegeţi că această cuşcă există. Oamenii spun adesea: "Oh, asta este", atunci când mă aud vorbind despre cuşcă, dând cuvinte unui lucru care de obicei rămâne fără nume.

Este ca şi cum ar fi existat tot timpul un elefant care s-a uşurat în cameră şi toată lumea păşea în tăcere în jurul său. Nu-l mai ignorăm. Pute, iar acum ne ocupăm de el.

După ce ai recunoscut cuşca, este momentul să accepţi faptul că ai trăit în ea. Într-un sens foarte real, cuşca a fost cel mai mare aliat al tău în vindecare: *te-a protejat într-o perioadă în care aveai nevoie de protecție.*

Frumusețea este că, atunci când îmbrățișezi colivia, alegând în același timp și altceva decât să te închizi, te înmoi. Te deschizi către posibilitatea de a fi în comuniune cu durerea ta. În cele din urmă, aceasta este singura modalitate de a-i dizolva gratiile și de a păși în adevărata libertate, bucurie și posibilitate care există independent de ea.

Pentru a ieși din cușcă, nu trebuie de fapt să primești nimic "înapoi". Acesta este punctul în care abordarea mea se deosebește radical de ceea ce poate ați mai experimentat în alte tipuri de terapii. În schimb, învățați cum să faceți altfel de alegeri care nu perpetuează abuzul. Descoperi cum să te conectezi cu tine însuți dincolo de nebunia care a creat cușca în primul rând. Și alegi să trăiești fără să transformi ceea ce ți s-a întâmplat (fie că a fost un singur act sau o serie de evenimente) în întreaga ta viață.

Este posibil ca întreaga ta realitate să înceapă să se schimbe pe măsură ce începi să observi cum apare cușca invizibilă în propria ta viață.

DINCOLO DE ÎNCHISOAREA ABUZULUI

Gluma crudă a abuzului este că acesta s-a terminat cu mult timp în urmă, dar tu îl continui, tratându-te pe tine însuți așa cum te-a tratat abuzatorul.

De ce faci acest lucru?

Cușca invizibilă a abuzului te ține prizonier al convingerii că ești cumva defectă sau nepotrivită; că nu meriți să trăiești pentru tine însăți, ci mai degrabă trebuie să faci ceea ce cred alții că ar trebui să faci sau ceea ce se presupune că ar trebui să faci (exact cum s-a întâmplat în timpul abuzului tău: ai făcut ceea ce ți s-a spus, iar nevoile tale nu au contat). Sau te simți constant vinovat dacă alegi vreodată să te pui pe primul loc. Iar această vinovăție te împinge în mod constant înapoi în colivie.

Când te împrietenești cu cușca abuzului, încetezi să mai fii în război cu tine însuți. Acesta este locul din care începi să te alegi pe tine însuți și să te angajezi în propria ta viață.

Cum arată acest lucru?

Dedicându-te vieții tale arată ca și cum te ridici în picioare pentru ceea ce alegi, indiferent de ce se întâmplă. Înseamnă să nu cedezi și să nu renunți niciodată (spune luptătorul irlandez din mine). Și totuși, nu înseamnă să *împingi, să te stră-duiești, să excluzi sau să lupți.*

Nu mai trebuie să dovedești sau să te lupți pentru a avea viața ta pentru tine. Pur și simplu o poți alege. Această dedicare pentru viață nu este grea - este ușurința, lejeritatea, bucuria și distracția care sunt posibile atunci când alegi pentru tine. Și necesită o blândețe către tine însuți pe care s-ar putea să nu o fi întâlnit niciodată până acum.

Dar există un blocaj mai mare de care s-ar putea să te lovești când vrei să te dedici vieții tale...

Am îndrumat mii de oameni să-și depășească abuzul sexual și una dintre cele mai mari provocări cu care văd că se luptă este să renunțe la povestea lor de abuz. Este povestea lor și rolul de victimă în cadrul poveștii lor care îi împiedică să se anga-jeze față de ei înșiși. Este ca și cum ar fi mai dedicați poveștii abuzului decât posibilității de a trăi dincolo de el. Am trecut și eu prin asta. Știu asta. Cu toate acestea, trebuie să fie doar o "fază" în călătoria ta de la colivie la vividitatea radicală.

Atunci când te agăți de povestea abuzului, rămâi prinsă în rolul de "victimă". Ți se pare că "viața ți se întâmplă", că ești o victimă a circumstanțelor, că, indiferent de ceea ce faci, oricum vei avea parte de o mână proastă, așa că de ce să te mai obosești?

Abuzul devine astfel o scuză excelentă pentru a nu te implica în propria viață. Dar există o altă posibilitate pe care aș vrea să ți-o arăt.

Atunci când pui deoparte povestea abuzului, primești sprijin pentru a elibera toată suferința interioară și ieși din cușca abuzului și a vinovăției tale, se deschide un spațiu pentru ceva nou:

Descoperi "fenomenul" tu.

Devii *radical de viu* - un spațiu al ființei în care abuzul nu-ți mai conduce viața, iar tu îți generezi și îți creezi o viață cu mult peste tot ceea ce ți-ai fi putut imagina vreodată.

În capitolul următor, vei afla mai multe despre această cușcă de abuz și despre impactul ei asupra capacității tale naturale de a crea.

CAPITOLUL 2
CREATIVITATEA CA SPAȚIUL POSIBILITĂȚILOR

Cred în posibilitate.

— *EMILY DICKINSON*

Abuzul este unul dintre cele mai mari obstacole ale creativității.

De fapt, ca să spunem adevărul, nu este abuzul în sine, în majoritatea cazurilor, în momentul în care clienții vin să mă vadă, abuzul deja s-a terminat. Poate a fost un eveniment izolat în trecutul lor sau mai multe incidente abuzive de-a lungul zecilor de ani.

În orice caz, sentimentul pe care oamenii îl descriu este "împotmolit". Este ca și cum ar fi blocați într-o închisoare invizibilă, și o forță distructivă îi blochează să își creeze propria viață.

Deci, într-adevăr închisoarea abuzului este unul dintre cele mai mari obstacole în calea creativității. Închisoarea abuzului perpetuează distrugerea, sevrajul, separarea și izolarea și, când eşti închis în ea, eşti într-o continuă stare de decădere şi de ineficienţă.

ÎNCHISOAREA INVIZIBILĂ A ABUZULUI

Dacă ai suferit vreodată un abuz, este uşor să rămâi blocat în tiparele repetate ale trecutului, care se manifestă ca limitări în ceea ce priveşte sănătatea, relaţiile şi fluxul de bani.

În esenţă, capacităţile tale generative şi creative de a face ceea ce iubeşti în lume devin blocate. Este ca şi cum acul se blochează în melodie la: "Nu pot", "Nu ştiu ce să fac" şi "Ceva este în neregulă cu mine".

Cum poate arde focul creativităţii atunci când există doar opresiune sufocantă? Şi cum poţi să te foloseşti de energia creativităţii când eşti închis într-o cuşcă invizibilă?

DISTRUGEREA DOMNEŞTE PESTE CREAŢIE

În loc să vă creaţi viaţa, *alegi* inconştient energia distrugerii. În moduri subtile, dar omniprezente, distrugi tot ceea ce doreşti să creezi. Acest lucru poate arăta ca distrugerea sau încheierea unor relaţii, falimentul sau îndatorarea ta financiară şi/sau faptul că eşti distructiv cu corpul tău - şi nu realizezi niciodată că există şi alte posibilităţi. Pare şi se simte ca şi cum ai vâsli în amonte, confruntându-te mereu cu o luptă, un obstacol sau o catastrofă.

De ce se întâmplă acest lucru?

Pentru că dizarmonia şi conflictul sunt familiare.

Iar armonia şi pacea sunt străine.

Cuşca invizibilă îşi are rădăcinile în minciuna că ceva este în neregulă cu tine. Se bazează pe povestea că eşti limitat şi că îţi lipseşte ceva. Aceste *judecăţi* pe care ţi le spui ţie însuţi (şi, potenţial, şi altora) se axează pe a te distruge şi a te menţine mic. Ele nu sunt orientate spre crearea unei vieţi de vitalitate radicală.

Pare o nebunie, ştiu. De ce ar alege cineva să îşi distrugă viaţa în loc să o creeze?

Tot ce trebuie să faci, totuşi, este să priveşti cu atenţie şi să fii dispus să fii complet sincer. Întreabă-te:

Mi-am creat sau mi-am distrus viaţa?

Mi-am creat sau mi-am distrus relaţia?

Mi-am creat sau mi-am distrus relaţia cu mine însumi?

Am creat sau am distrus relaţia mea cu banii?

Am creat sau am distrus relaţia mea cu corpul meu?

FII SINCER CU TINE ÎNSUŢI

Aşa cum am descris în "Introducere", primele două decenii din viaţa mea au fost pline de abuzuri: fizice, sexuale, emoţionale, mentale, financiare. A venit din mai multe locuri: membri ai familiei, prieteni ai familiei, biserica, agenţia de modeling şi vindecători.

În copilărie mi s-a spus mereu şi mereu că sunt diabolică şi am crezut această minciună. A devenit cuşca în care am trăit.

De-a lungul procesului meu de vindecare, am fost hotărâtă să folosesc propria mea experienţă de abuz drept catalizator pentru Revoluţia Dincolo de Abuz şi, mai târziu, pentru mişcarea Live Your ROAR. Pentru a realiza acest lucru, însă, a trebuit mai întâi să fiu sinceră cu mine însămi şi să văd cum îmi distrugeam viaţa faţă de cum o creeam, la fel şi relațiile, cariera, finanțele, corpul, sănătatea și întreaga mea ființă.

De exemplu, nu mi-am dorit niciodată să las pe cineva să se apropie de mine pentru că mă temeam că și ei îmi vor vedea răutatea și vor fugi țipând. Cum aș fi putut crea altceva decât distrugere dacă eram rea și nimeni nu m-ar fi iubit vreodată?

Am învățat, de asemenea, limbajul lipsei de bunătate în copilărie, așa că asta am folosit în relații ca adult. Am creat conflicte mai degrabă decât comuniune, ceea ce a dus la divorț și disperare.

La 20 de ani, am refuzat nevoile corpului meu și m-am angajat în tipare distructive: droguri, sex și supraalimentare. Aveam bani, dar mă simțeam vinovată pentru că eu îi aveam și alții nu, așa că am plătit pentru toți ceilalți pentru a încerca să le cumpăr dragostea.

Toate aceste comportamente m-au ținut prinsă în cușca invizibilă a abuzului, repetând aceleași tipare abuzive care îmi erau familiare din copilărie. Tot ceea ce știam era să mă distrug pe mine și tot ceea ce mai exista în viața mea.

PODUL DINCOLO DE COLIVIE

Momentul de cotitură pentru mine a venit atunci când profesoara de la facultate mi-a întins mâna și m-a întrebat dacă sunt bine, iar această conversație cu ea a devenit puntea către un nou capitol din viața mea. Ea m-a ajutat să văd că exista un alt mod de a trăi dincolo de repetarea tiparelor abuzive. M-am hotărât să găsesc o cale de ieșire din cușca care mă ținea prizoniera distrugerii în loc să îmi trăiesc cu adevărat viața. Am devenit doctor în psihologie și am studiat zeci de modalități de vindecare. Lucrând cu terapeuți și vindecători, am parcurs în același timp propria mea călătorie de vindecare și, în același timp, am ajutat clienții, îndrumându-i pe propria lor călătorie de vindecare dincolo de cușca invizibilă a abuzului.

Astăzi, peste două decenii mai târziu, am lucrat cu mii de clienți din întreaga lume și sunt profund recunoscătoare și onorată că acei primii ani, înrădăcinată în atâtea abuzuri, au devenit catalizatorul pentru " *Creând după Abuz*".

Sunt entuziasmată să împărtășesc cheile pe care le-am descoperit pentru a debloca cușca abuzului, pentru că dincolo de cușcă, dincolo de pod, există un mod de viață care își are rădăcinile în energia posibilității și a creativității.

Acest mod de a trăi este ceea ce eu numesc a fi *Radical de Vie*.

BINE AI VENIT LA TREZIREA LA VIAȚĂ

Imaginează-ți următoarele...

TE TREZEȘTI CU UN PAS VIOI, FERICIT CĂ EȘTI ÎN VIAȚĂ ȘI GATA să vezi ce altceva este posibil pentru ziua de azi. De la început până la sfârșit, ziua ta este plină de alegeri bazate pe dorințele tale și că, pornind de la aceste dorințe, totul este posibil, iar tu ești un magnet generativ și creativ.

Oamenii adoră să fie în preajma ta. Schimbi energia a tot ceea ce te înconjoară doar prin faptul că ești tu.

Relațiile tale se bazează pe comuniune și armonie. Sunt amuzante, ușoare, vesele și reciproce. Corpul tău este sănătos și vibrant de viu. Ești energizat. Ai o strălucire specială în jurul tău.

Afacerea ta este în plină expansiune, iar colaboratorii pe care îi ai râd și ți se alătură în tot ceea ce creezi. Fiecare zi este o nouă posibilitate de a primi bani, sprijin și posibilități.

Viața este o aventură plină de bucurie. Râsul și lejeritatea vă infuzează corpul. Sunteți uimit să simțiți o asemenea alianță cu voi înșivă.

Oamenii vă întreabă ce ați făcut ca să vă schimbați, iar voi răspundeți: "M-am ales pe mine și fericirea și am creat ceea ce știam că este posibil".

INSPIRAT, NU-I AȘA?

Aceasta este viața care te așteaptă să o alegi.

Permiteți-mi să vă prezint cheile pentru a vă debloca din cușca abuzului, astfel încât și dumneavoastră să puteți trece puntea și să experimentați Trezirea la Viață.

Cele 4 chei: Alegerea, Dedicarea, Colaborarea și Crearea

CELE 4 CHEI SUNT CE TE VOR ELIBERA DE MINCIUNILE ȘI limitările pe care le-ați acceptat cândva și de ciclul distructiv care a perpetuat abuzul anterior.

1. Alege-te pe Tine

CE ÎNSEAMNĂ SĂ TE "ALEGI PE TINE"?

Ei bine, știi cum este atunci când ești într-o relație cu cineva și faci totul pentru a-l susține pe el și nu pe tine. Acesta este un exemplu că **nu** te alegi pe tine. Atunci când faci pentru alții în detrimentul tău, îi faci pe ei mai importanți decât tine. Asta se întâmplă în abuz: dorințele și nevoile tale devin irelevante.

Atunci când te alegi pe tine, nevoile și dorințele tale devin importante. Tu devii o prioritate. Începi să-ți creezi viața.

Atunci când te alegi pe tine, poți fi în continuare generos și poți fi acolo pentru ceilalți, însă **nu** în detrimentul tău. Te incluzi pe tine însuți în toate alegerile și relațiile tale.

Ce ai putea crea atunci când te alegi pe tine?

1. **Dedică-te Ție**

Atunci când te dedici ție însuți, te angajezi să nu cedezi niciodată, să nu renunți și să nu lași pe nimeni sau nimic să te oprească. Ești tu care te angajezi să te alegi pe tine în fiecare moment, în fiecare zi.

Cu alte cuvinte: nu renunți. Niciodată.

Tenacitatea mea de a depăși primele două decenii din viață și toate abuzurile pe care le-am trăit a venit din acest loc de a mă dedica mie. Odată ce mi-am dat seama că trăiam într-o cușcă de abuzuri și că exista ceva ce puteam alege dincolo de ea, am jurat să nu renunț niciodată până când nu voi ieși din cușcă și nu voi fi de cealaltă parte a podului față de ea.

Am jurat, de asemenea, să încurajez cât mai mulți alții să se elibereze din cușca abuzului, alegându-se pe ei înșiși și luându-și angajamentul de a-și trăi viața.

Atunci când te dedici ție însuți, te angajezi să *fi tu însuți în totalitate în toate relațiile tale.* Nu te desparți de tine însuți pentru a încerca să-i mulțumești sau să-i acomodezi pe alții. Paradoxul este că, pe măsură ce te angajezi față de tine, devii mai disponibil să te implici în relația cu ceilalți în moduri armonioase și reciproc satisfăcătoare.

Ce ai putea crea atunci când te dedici ție?

I. **Colaborează cu Universul**

AȘA CUM AM ÎMPĂRTĂȘIT MAI DEVREME, ATUNCI CÂND TE afli în cușca abuzului, poți avea impresia că vâslești în amonte și că te confrunți mereu cu o luptă, un obstacol sau o catastrofă. Ai impresia că întreaga lume este pe urmele tale.

Și eu am crezut asta pentru o lungă perioadă de timp. Credeam că toată lumea este împotriva mea și că trebuie să fac totul singură.

Este o *minciună*.

Pentru că, adevărul este că Universul conspiră pentru a te binecuvânta și militează pentru cea mai mare bucurie și succes al tău. Tot ce trebuie să faci este să colaborezi cu el, deschizându-te să primești contribuția și sprijinul tuturor oamenilor și posibilităților diferite care *doresc* să îți ofere.

Și este la fel de simplu ca și cum ai cere.

Când ești dispus să ceri - și să primești - vei descoperi că ai la dispoziție mult mai multe lucruri pentru a-ți crea viața.

Ce vei putea crea atunci când colaborezi cu Universul?

. . .

1. **Creează-ți Viața**

Poți iniția o nouă conversație cu Universul punând următoarele întrebări:

- *Ce este distractiv pentru tine?*
- *Ce vă luminează?*
- *Cum ar putea fi diferită viața ta dacă ți-ai crea viața pentru tine?*
- *Ce ai alege pentru tine atunci când nu te concentrezi să faci din alte persoane cea mai mare prioritate a ta?*

Atunci când continui să te conectezi la ceea ce îți dorești și permiți ca aceasta să fie cea mai mare prioritate a ta, vei crea o viață inspirațională și cuprinzătoare pentru tine.

Vei fi creatorul, mai degrabă decât distrugătorul vieții tale. Și, sincer, cum poate fi mai bine de atât?

ENERGIA CREATIVITĂȚII

Cele 4 chei vă vor scoate din cușcă și vă vor face să traversați podul spre o vitalitate radicală, pas cu pas, alegere cu alegere, astfel încât, în loc să vă distrugeți viața, acum v-o creați.

Începeți mai întâi prin a alege să puneți la îndoială cușca - să vedeți că este alcătuită din minciuni și limitări care nu sunt adevărate pentru voi. Trebuie să fiți dispuși să renunțați la vechile tipare de "Nu pot", "Nu știu ce să fac" și "Ceva este în neregulă cu mine".

Pe măsură ce puneți la îndoială cușca și întrebați ce altceva este posibil, începeți să ieșiți din cușcă și să traversați podul către o altă posibilitate. Dorința pentru ceva dincolo de cușca abuzului este combustibilul care vă va duce înainte.

Ce cere să fie creat acum? Alegeți! Fiți spațiul posibilității.

În capitolul următor, veți afla despre un tip unic de energie pe care o aveți la dispoziție pentru a crea viața pe care o alegeți.

CAPITOLUL 3

CREAREA VIEȚII TALE ”SE ÎNCADREAZĂ LAOLALTĂ”

"...Și aș spune că lumea este plină de lucruri minunate pe care încă nu le-ai văzut. Să nu renunți niciodată la șansa de a le vedea."

— *JK ROWLING (POSTARE TWITTER)*

Î n calitate de practician în domeniul vindecării, mă joc pe tărâmul conștiinței pentru a-i ajuta pe oameni să-și transforme viața și să trăiască radical de vii. Deoarece mulți dintre clienții mei provin din abuzuri în trecutul lor, această transformare poate fi destul de spectaculoasă și dramatică.

Dacă există un "secret" al succesului lor în a face acest salt, aș spune că acesta constă în descoperirea și însușirea abilității lor de a păși direct în energia de *"Este a mea! Indiferent de ce se întâmplă"*.

Atunci când alegi acest spațiu, vei percepe o expansiune și o densitate palpabilă în același timp, ca o minge de energie care trăiește în interiorul unui aparat de pinball uriaș, care se avântă prin spațiu, ricoșând în ceea ce nu funcționează până când, în cele din urmă, aterizezi acolo unde ai intenționat și ai ales.

Această energie de tipul *"E a mea!"* generează ideea că - indiferent de unde ai venit, indiferent de povestea ta, indiferent de abuzul, trauma sau tragedia oribilă care s-a abătut asupra ta sau a familiei tale, indiferent de relațiile care nu au funcționat, de banii pe care nu îi ai sau pe care i-ai pierdut, sau de conflictele în care ești implicat - nu te vei opri până când nu vei obține ceea ce îți dorești.

Deci, chiar dacă metaforic te afli în acel pinball care face ping-pong dintr-o parte în alta, cu două lungimi înainte și una înapoi, continuă să te *"arunci"* în viață, conștient că - ce este ceea ce se pare că nu poți depăși - nu funcționează pentru tine și nu te vei opri până când acest lucru nu se va schimba.

Este a mea! Indiferent de ce se întâmplă.

La început, acest lucru poate părea un pic cam greu. Mă face să mă gândesc la zicala "Muncește din greu, Joacă-te și mai tare" și, deși nu este asta în sine - pentru că energia "E a mea!" este ușoară - este nevoie de acea tenacitate a conștiinței pentru a continua să mergi înainte, indiferent de blocajele percepute care par să te respingă sau care încearcă să te oprească. De fapt, tu spui: *"Bine, nu a funcționat. Alegerea creează conștiință. Este a mea! Indiferent de ce se întâmplă. Deci, care este următorul pas?"*

Și apoi dă-i înainte!

CÂT DE DEPARTE POȚI MERGE?

Una dintre clientele mele, de exemplu, a auzit șoaptele conștiinței de a avea un copil în același timp în care căsnicia ei de 10 ani se destrăma. Întotdeauna își dorise să aibă un copil, dar, din multe motive, nu a reuşit. În ciuda tuturor acestor lucruri, tot o măcina gândul.

În această perioadă, a lucrat mult cu mine pentru a alege să asculte şoapta şi, pe măsură ce a făcut-o, totul a început să se schimbe rapid. Era hotărâtă să aibă un copil de una singură, indiferent de situaţie, şi a început să ia marile decizii necesare pentru a-şi crea viaţa dorită, care includea alegerea de a divorţa şi de a avea un copil de una singură. La început, s-a lovit de piedici peste piedici. Medicii specializaţi în fertilitate nu voiau să aibă nimic de-a face cu ea, deoarece trecerea printr-un divorţ încurca situaţia. Apoi, după ce a rămas însăr-cinată, s-a confruntat cu discriminarea ca mamă singură în cadrul companiei sale, deşi era o angajată de rang înalt, cu o poziţie prestigioasă.

Dar cu cât viaţa ei se prăbuşea mai mult, cu atât mai mult a rămas dedicată procesului şi a lucrat pentru a-şi limpezi conştiinţa.

În esenţă, ea a spus: "Voi avea acest copil. Simt energia acestui spirit în jurul meu şi nu am de gând să renunţ la ea. Aleg să creez acest lucru. Ce trebuie să fac pentru ca acest lucru să se întâmple şi ce va funcţiona pentru mine?". Şi în acest sens, ea a ascultat şoaptele conştiinţei despre spiritul acestui copil şi a găsit o modalitate de a rămâne însărcinată şi şi-a asumat pragmatica acestui lucru. Ea a ales să folosească instrumentele de vindecare energetică şi energia " E a mea!" "Mă aleg pe mine, indiferent de situaţie."

COMANDĂ ŞI CERERE

Indiferent de ceea ce nu funcţionează, cumva, într-un fel sau altul, va exista o deschidere, chiar dacă aceasta pare la fel de mică ca o gaură de ac unde trebuie să te strângi ca să treci prin ea. Totuși, acest lucru nu necesită să vă pliați, să curbați, să schingiuiți sau să stoarceți din voi pentru a o face.

În schimb, te "storci" din obligațiile, jurămintele, legămintele, voturile, contractele, genetica, tradiția strămoșească, sistemele de credință și realitatea fizică care îți spune: "Nu le poți avea pe toate. Nu poți spune ceea ce îți dorești cu adevărat. Nu-ți poți crea viața așa cum îți dorești cu adevărat".

Atunci când treceți granița în această energie, este posibil să îi intimidați pe unii dintre cei din jurul vostru. Este posibil ca aceștia să confunde formularea unei cereri pentru tine însuți cu "a fi pretențios", mai ales dacă au crescut cu părinți sau alte persoane abuzive sau " solicitante" și nu înțeleg distincția. A face o cerere este o poziție puternică de "E a mea!", în timp ce cealaltă poate avea o latură abuzivă, deși nu ar putea fi mai diferite la nivel fundamental.

Din păcate, când vine vorba de asta, majoritatea oamenilor nu cred că pot să își comande și să își ceară viața, să o creeze cu ușurința care poate fi cu adevărat, așa că își trăiesc viața ca pe "un joc de așteptare". Așteaptă ca altcineva să fie dispus să se schimbe, ca altcineva să creeze și să aibă succes pentru ca ei să sară pe el și să fie ceva.

Călăuzind astfel pe urmele altcuiva, ei devin mai degrabă un parazit care suge energie decât o energie generatoare, creatoare pentru ei înșiși, pentru afacerea și relațiile lor. Este opusul lui *"E a mea!"* Este mai degrabă: *"Ei o au și eu o să văd ce pot obține de pe urma lor!"*.

Desigur, acest lucru nu face nimic pentru a-și transforma mai departe viața sau pentru a fi agentul schimbării în colaborare cu ceilalți sau cu pământul.

Această complacere în care trăiesc oamenii îi plasează într-o stare de plictiseală, într-o perpetuă stare de limbo, așteptând ca "ceea ce este" să se schimbe. Desigur, ei își doresc ceva mai mult și vorbesc despre asta tot timpul, dar nu ajung niciodată să genereze și să creeze. Gândurile lor tind să se învârtă în jurul lor ca un tigru care își urmărește coada:

"De ce mi se tot întâmplă asta? Totul este o astfel de luptă. Nimic nu funcționează niciodată pentru mine, indiferent cât de mult mă străduiesc. De ce este totul atât de greu? Cum se face că pentru alții funcționează, dar pentru mine nu?".

Viețile lor sunt limitate la o zonă foarte mică, pe care am descris-o mai devreme, ca un fel de cușcă autoimpusă cu "bare" energetice care îi ține prizonieri.

Așadar, cum arată mentalitatea de comandă și cerere în diferite situații? Ei bine, la locul de muncă, în loc să fii pasiv, ar trebui să ai o abordare proactivă a vieții.

O abordare mai proactivă implică formularea de cereri pentru propria dezvoltare profesională, stabilirea unor obiective clare și crearea activă de oportunități. Este vorba despre a spune: "Am această direcție de carieră și am de gând să o fac să se întâmple".

Această stare de spirit tinde să fie motivantă și poate duce la o viață profesională mai împlinită. Într-un context de afaceri, este vorba despre a fi o forță generatoare și creativă în propria afacere, modelând în mod activ traiectoria și succesul acesteia. Trebuie să recunoașteți diferența dintre co-crearea unei afaceri înfloritoare și simplul fapt de a beneficia de pe urma eforturilor altcuiva.

Cu toate acestea, fiți atenți în relații; este esențial să recunoașteți distincția dintre a vă afirma nevoile și a fi dominator. Nu este vorba despre a-i domina pe ceilalți; în schimb, este vorba despre exprimarea clară a dorințelor și așteptărilor tale într-o relație. O comunicare sănătoasă și deschisă poate duce la conexiuni mai satisfăcătoare. Dimpotrivă, abordarea pasivă în relații are adesea ca rezultat nevoi nesatisfăcute și dorințe neexprimate, ceea ce duce la frustrare și nemulțumire.

Iar atunci când vine vorba de a face față provocărilor, a lua calea comenzii și a cererii înseamnă să recunoști provocările ca oportunități de creștere și să cauți în mod activ soluții. Este vorba de a nu renunța atunci când te confrunți cu adversitatea și de a realiza că schimbarea poate fi creată cu intenție și efort.

ELIBERÂNDU-TE

Închisoarea abuzului este alcătuită din patru "stâlpi". Mai târziu, în capitolul Șase, vom vorbi pe larg despre ei, dar acum important este să știm care sunt aceștia:

- Disocierea
- Negarea
- Apărarea
- Deconectarea

În munca mea, ajut oamenii să identifice închisoarea invizibilă pentru a ieși din ea și pentru a merge spre libertate, pentru a trece "puntea" spre Trezirea la Viață și spre energia *„Am să am asta! Indiferent ce se întâmplă."*

Dacă vă amintiți din capitolul trecut, Trezirea la Viață are tot 4 componente – cele 4 chei:

- Alege-te pe Tine
- Dedică-te Ție
- Colaborează cu Universul
- Creează-ți Viața

Când aștepți, nu alegi. Îți lași ușa din spate deschisă, astfel încât nu se creează nimic altceva decât trauma și drama mașinii de pinball. Aceasta este distrugere și lipsire de putere și ceea ce te ține închis în cușca invizibilă a abuzului.

TOTUL SE REZUMĂ LA ENERGIE MARE

E a mea! se referă la energia mare - sau pronoia.

În cartea sa, *Pronoia Is the Antidote for Paranoia, Revised and Expanded:* How the Whole World Is Conspiring to Shower You with Blessings (Pronoia este antidotul pentru paranoia - Cum întreaga lume conspiră pentru a te umple de binecuvântări), Rob Brezsny o descrie ca fiind "antidotul pentru paranoia. Pronoia este înțelegerea faptului că universul este în mod fundamental prietenos. Este un mod de a-ți antrena simțurile și intelectul astfel încât să fii capabil să percepi faptul că viața îți oferă întotdeauna exact ceea ce îți dorești, exact atunci când o ceri".

Poți alege să devii o intensitate din care nimic nu te poate opri, indiferent de situație. Da, s-ar putea să vă învârtiți pentru o vreme sau să săriți înainte și înapoi în acel aparat de pinball până când veți deveni vrăjitorul jocului de pinball - concentrat, direct, exigent și alegând cu deliciu ceea ce vă doriți. Și, de cele mai multe ori, s-ar putea ca totul să înceapă să se destrame și să se îndepărteze la început (și probabil că te vei împotrivi la început), dar te implor să primești acest lucru ca pe un semn că lucrurile funcționează, că universul conspiră pentru a te binecuvânta. Această destrămare și dezmembrare este o parte naturală și esențială a procesului de creație.

UN EXEMPLU PERSONAL

Recent mă pregăteam pentru un turneu de şase săptămâni pe care îl planificasem, când deodată, din senin, tot felul de cereri financiare neaşteptate m-au inundat. Reacţia mea imediată a fost, "Nu pot pleca acum şi face toate astea. Trebuie să lucrez mai mult şi să plătesc tot"— aceasta era abordarea pragmatică. Nu ar trebui să plec acum cu avionul ca să mă duc undeva să am grijă de mine sau să facilitez pentru alţii. Cum pot să merg acolo când nu am totul pus la punct?"

În mod clar, aceasta era vocea "Nu am asta.", cea care spune "Vezi? Ţi-am spus eu... nu poţi avea asta." E amuzant cum atunci când mergem înainte punem în scenă trauma tuturor lucrurilor care vin spre noi pentru a ne bloca să fim magicianul, creatorul magic care suntem cu adevărat.

Ca şi cum nu ar fi fost suficient, lucrurile au început să se destrame şi pe partea romantică când partenerul meu a ieşit din relaţie şi a pus capăt în mod unilateral. Aş fi ales diferit şi as fi spus "Hei, ce putem face împreuna?" total conştientă că uneori nu poţi face lucrurile împreună — trebuie sa le faci de unul singur.

Deci, ce faci atunci când cineva ia o decizie şi nu este decizia ta? Alegi şi tu. Asta e alegerea *E a mea! Indiferent ce se întâmplă.*

Şi, am ales să plec pentru şase săptămâni, am ales să las relaţia de tot, m-am ales pe mine şi am ales să ştiu că universul conspiră să mă binecuvânteze şi că tot ce se întâmplă pe partea financiară o să genereze posibilităţi noi cu uşurinţă şi fără efort.

Şi aici vine cunoaşterea minunată care vine din ascultarea acelor şoapte şi a te alege pe tine deopotrivă cu binecuvântările universului: totul s-a petrecut mai bine decât mi-am imaginat. Da, au fost obstacole pe drum și cu toate astea am avut parte de expansiune în toată această călătorie. Sunt pentru totdeauna schimbată și dedicată mie.

E a mea! Am Ales-o! M-am Ales Pe Mine!

ÎN ACEASTĂ ENERGIE SE AFLĂ DORINȚA DE A RENUNȚA LA tot. Trebuie să fii dispus să pierzi totul pentru a avea totul. Și, deși acest lucru poate părea un lucru rău, dacă te uiți cu atenție, vei descoperi, de obicei, că majoritatea sunt lucruri pe care oricum nu le voiai pentru că, la un anumit nivel, nu te susțineau pe deplin.

Să recunoaștem...

Dacă îți dorești ceva care să fie de "10", probabil că va trebui să renunți la acel "9" de care te-ai agățat, deși, inițial, renunțarea la formă și structură poate fi cea mai grea parte. În cazul meu, nu am avut nicio problemă în a renunța sau în a face să se schimbe ceva din ceea ce am împărtășit mai sus. Dificultatea în care m-am blocat a fost să "cred" că trebuie să arate într-un anumit fel pentru a se potrivi în această realitate - până când am intrat în spiritul schimbării și am făcut alegeri pentru a continua să mă aleg pe mine și să păstrez cerința de a *o avea!* Indiferent *ce* se întâmplă în mod radical de vie. Indiferent pe cine pierd, ce pierd, cine îmi părăsește viața, a cui viață o părăsesc, nu voi renunța niciodată la mine.

Dacă ești atent atunci când viața se destramă în felul ăsta, poți de fapt să simți și să percepi energia schimbării - de multe ori este adevărata schimbare pe care o doreai de ceva timp. Așa am simțit și eu când mi-am văzut întreaga viață destrămându-se de la cusături chiar în fața ochilor mei, topindu-se ca un lichid și alimentând pământul. Dar chiar și cu toată lipiciunea și mâzga și apăsarea de emoții, am știut că nu se întâmpla nimic în energia *E a mea!* nu aș fi avut schimbare.

În astfel de situații, am descoperit că cel mai bun lucru de făcut este oarecum contra-intuitiv - doar joacă-te cu ea, joacă-te cu energia și plimbă-te cu mașina de pinball prin gaura de acvilă spre tot ce este expansiv și ușor. Adesea renunțăm chiar înainte ca magia să sosească.

Pentru că, iată cum stă treaba...

Dacă totul se încadrează de fapt împreună?

În energia *E a mea!* poate părea că totul se destramă, dar dacă de fapt totul cade laolaltă?

Cu siguranță, acesta este momentul în care ai putea face acea alegere pragmatică și să renunți la ceea ce ceri și dorești cu adevărat. Sau, ai putea spune: "Nu, pot crea asta, pot face asta, cer asta, colaborez cu universul, mă aleg pe mine însumi și mă angajez să îmi creez viața care se îmbină împreună".

Trebuie să știi că universul conspiră pentru a te binecuvânta, pe măsură ce tu ești cererea pentru tine, chiar și atunci când aparența lucrurilor se schimbă. Dacă te uiți în natură, vei vedea că aceasta este ordinea naturală a lucrurilor. Ce se întâmplă după un incendiu în pădure? O nouă viață respiră și crește.

În creativitate, există întotdeauna o ruptură, o mișcare către un spațiu expansiv de alegere și creație. Asemănător practicii chinezești a Feng Shui, în care muți în mod conștient lucrurile afară și în jurul și le rearanjezi pentru a crea un mediu mai armonios și mai prosper, energia E a mea! este mișcarea moleculelor din tine pentru a întruchipa cererea de a trăi radical de vie, dincolo de tot ceea ce ți-ai îngăduit până acum.

TOTUL ESTE O ALEGERE – ALEGEREA TA

Fiind forța generatoare, energia *E a mea!*, este opusul așteptării. Este o scuză, în realitate, să așteptăm ca lucrurile sa se "desfășoare", așteptând acel "semn" sau orice ai aștepta să devină evident. Te pui într-o postură în care poți aștepta foarte mult timp.

Întreb oamenii, "Nu ai așteptat destul pe altcineva sa fie cererea în viața ta? Cum ar fi dacă tu ai fi energia pe care ai așteptat-o?".

Conștientizezi că poți fi cererea ta chiar și atunci când te alături altcuiva? Asta am creat cu echipa mea la sediul Live Your Roar LLC. Toți au devenit catalizatorul pentru a trece dincolo de abuz și a se trezi la viață. Toata lumea contribuie. Toți întrebăm afacerea ce dorește și ce ar dori sa aibă și apoi mergem să creăm asta. Trăim ca și cerere și universul ne binecuvântează cu ce am cerut.

Dacă ești o persoană care are energia *E a mea!* indiferent de ce se întâmplă, atunci a fi în preajma unor persoane care "așteaptă" se poate dovedi cel puțin provocator. De exemplu, să spunem că sunteți proprietarul unei mici afaceri și aveți un angajat care are probleme în ceea ce privește primirea banilor. Evident, probabil că nu erați conștient de acest lucru atunci când l-ați angajat și l-ați pus într-o poziție în care trebuie să dea socoteală pentru bani. Mai târziu, ori de câte ori îl întrebați despre situația unei plăți, observați că se scuză sau spune lucruri de genul: "Da, am vorbit cu clientul și a spus că a plătit", chiar dacă banca dvs. v-a informat că plata a fost refuzată. Continuați să mergeți de colo colo, iar acest lucru se repetă la nesfârșit.

Ceea ce se întâmplă este că, deoarece refuză să primească bani pentru ei înșiși, ei blochează în mod inconștient primirea de bani și în numele afacerii. Acest lucru creează un joc de așteptare pentru primirea banilor și poate distruge afacerile și relațiile.

Când vine vorba de bani, primirea și colectarea lor necesită o putere personală de a alege ceea ce vă doriți dincolo de ceea ce aveți. Cu alte cuvinte, se cere o *putere de a primi! Nu contează ce* energie.

Fiind energia generativă a energiei *E a mea!* este un spațiu fără rețineri, mergi înainte și creează. Indiferent unde vă aflați sau unde vreți să fiți, procesul creativ este întotdeauna același și puteți presupune destul de bine că, atunci când se apropie suficient de mult pentru a gusta, lucrurile vor începe să se încălzească, să implodeze sau să se destrame.

În acest moment precis trebuie să dai drumul și să intri pe deplin în "E a mea! ", astfel încât totul să se alinieze cu universul și cu alegerea ta. Acest lucru face ca totul să se rezume la tine și la dorința ta de a permite măreției acestei realități care este aici să colaboreze cu tine și să te binecuvânteze.

Totuși... există o " șmecherie".

Disponibilitatea ta de a permite tot acest sprijin în numele tău presupune o capacitate de a primi cu adevărat, iar eu am constatat că aici este locul în care oamenii care au fost abuzați întâmpină adesea probleme.

Sincer, ei nu o fac chiar atât de bine.

Aşa că haideţi să mergem mai departe şi să aflăm ce este necesar pentru a deveni un "receptor extins".

CAPITOLUL 4

BUNĂTATEA ... MARELE RÂU
CARE CURGE PRIN TINE

Bunătatea constantă poate realiza multe. Cum soarele face ca gheața să se topească, bunătatea poate face neîncrederea, confuzia și ostilitatea să se evapore.

— *ALBERT SCHWEITZER*

Te-ai născut să fii bun - și nu inventez asta.

Potrivit unui interviu din *Scientific American* intitulat *"Forget Survival of the Fittest: It is Kindness that Counts"* (Uitați de supraviețuirea celui mai adaptat: Bunătatea este Bunătatea care Contează), bunătatea este "hardwired" în creierul nostru.

Nu că toată lumea o adoptă în mod implicit, dar este acolo ca un dar înnăscut.

Intenția mea în acest capitol este de a o pune în lumină într-un mod în care s-ar putea să nu te fi gândit la ea înainte, deoarece, cu adevărat, bunătatea este mult mai mult decât o simplă idee bună sau ceva ce faci pentru a fi "drăguț".

Este, de fapt, o forță sau o putere care, după cum a formulat atât de elegant Albert Schweitzer, "face ca neînțelegerile, neîncrederea și ostilitatea să se evapore".

Și dacă ați avut parte de orice formă de abuz în viața dumneavoastră - trecut sau prezent - veți dori să știți despre acest prieten interior.

Personal, nu m-am împrietenit cu ea decât la 20 de ani - după ce profesoara mea de violență în familie mi-a arătat ce înseamnă bunătatea, apropiindu-se de mine și întrebându-mă dacă sunt bine. Ea observase limbajul meu corporal, care se formase în jurul a două decenii de abuz, traume și *judecăți* cu care am trăit în copilărie. Aveam umerii cocoșați, aproape până la urechi, într-un efort de a mă proteja de bătăile care mi se dădeau fizic, verbal și energetic.

Aveam și alte comportamente evidente care proveneau din abuzul sexual pe care îl îndurasem ca model, de copil. Cel puțin, erau evidente pentru un ochi antrenat. Aceste tipare de abuz fuseseră internalizate pe mai multe niveluri - atât în felul în care mergeam și mă țineam, cât și în modul în care comunicam cu mine și cu ceilalți.

Astăzi, mă refer la aceasta ca la "somatica traumei", acele moduri de a fi care devin o parte solidificată a structurii noastre fizice și energetice, integrate și blocate în structura noastră celulară și moleculară.

Sună greu, nu-i așa? Ca o fortăreață impenetrabilă.

Ei bine, vestea bună este că, dacă este așa, atunci bunătatea este ca motorul de asediu care o va dărâma.

FORTĂREAŢA JUDECĂŢII

Uite cum stă treaba cu judecata...

Există de foarte mult timp - de mii şi mii de ani. Oamenii au perfecţionat-o ca pe o "abilitate". Dar asta nu este cel mai rău lucru.

Judecata este împletită în ţesătura ADN-ului nostru. O moştenim atunci când ne naştem în conştiinţa colectivă, linii generaţionale ale acesteia care sunt purtate de-a lungul timpului şi care ne sunt transmise. Asta până când cineva rupe ciclul. Este acea chestie cu "păcatele tatălui".

De ce este nevoie pentru a rupe ciclul?

Excelentă întrebare...

Dar înainte de a face asta, haideţi să ne uităm la ce perpetuează judecata în viaţa voastră *dacă nu o faceţi*.

- Judecata te face să te minţi pe tine însuţi şi te încuie din nou într-o "cuşcă invizibilă a abuzului", care te ţine închis faţă de tine însuţi, faţă de ceilalţi, faţă de viaţă şi, cu siguranţă, faţă de crearea vieţii pe care ţi-o doreşti.
- Judecata este o formă de constrângere şi limitare, un dispozitiv autodistructiv şi o formă omniprezentă de *auto-abuz*. Este opusul expansiunii, care te menţine mic şi luptător, ca o victimă şi neputincios, blindat şi amorţit. Ca urmare, încetezi să mai generezi şi să creezi dincolo de cuşcă; în schimb, îţi perpetuezi sinele nesigur şi slab şi continui ciclul abuzului.
- Când te judeci, devii propriul tău temnicer etern şi te închizi şi mai mult în greşeala ta. Judecata te readuce la confortul a ceea ce ştii (cât de "rău" eşti) şi îţi

garantează că nu trebuie să fii niciodată mai mult decât ești acum. Ea solidifică cușca invizibilă a abuzului.

- Atunci când judeci pe altcineva, de fapt te aperi, te deconectezi, negi și te disociezi de ceea ce nu ești dispus să vezi la tine însuți. Eu le numesc "cei 4 D". Prin design, te izolează și te separă, opusul unității și al apartenenței.

- Judecata este de fapt ceea ce eu numesc "primirea forțată" pentru că, în esență, te forțezi să accepți *judecățile* altcuiva, în special în cazul în care ai fost abuzat și a trebuit să primești ceva ce nu ai vrut - pe care ai fost forțat să îl primești. Ca urmare, dezvolți "pene" ascuțite, ca niște săgeți, ca un porc spinos, care pot și vor respinge oamenii să se apropie prea mult.

Judecățile sunt rezistențe la realitate pe care le folosim pentru a ne proteja. Multe dintre ele le-am învățat în copilărie, fie pentru că le-am văzut sau le-am auzit, fie pentru că le-am decis ca reacție la ceva ce ni s-a întâmplat. Aceste decizii au devenit apoi obiceiuri de gândire, lentilele prin care vedem și după care trăim pe pilot automat pentru tot restul zborului.

Problema este că, continuând să le folosim în întâlnirile noastre zilnice cu viața, am tăiat orice altă posibilitate de a fi, de a face sau de a avea altfel.

Și în acest scop - curățarea și transformarea acestor judecăți pentru a trăi o viață liber bucuroasă - mi-am petrecut cea mai mare parte a carierei și a practicii mele de vindecare.

De fapt, am un nume pentru asta. Îl numesc Living your ROAR - o Realitate Radicală, Orgasmică, Vie.

Sună distractiv?

TOȚI SUNTEȚI POSIBILITATE

Adevărata ta natură este creativitatea fără limite, abundența și expansiunea.

Când stai în spatele unui birou, într-o gheretă, s-ar putea să nu ți se pară așa, așa că cel mai bun mod pe care îl cunosc pentru a aprecia cu adevărat și a crește în conștientizarea acestei cunoașteri este să stai mai des în natură.

Nici măcar nu trebuie să faci nimic... Va veni la tine intuitiv.

Unul dintre motivele pentru care a fi în natură este atât de puternic este faptul că pământul este singurul loc în care judecata nu poate locui. Este locul în care te poți întoarce din nou și din nou pentru a-ți elibera judecățile și a simți pacea și posibilitățile expansiunii. Este de fapt o bunătate să dăruiești judecățile tale pământului.

Dăruind pământului gunoiul de grajd al judecăților tale, fertilizezi literalmente o nouă posibilitate pentru tine și pentru toți ceilalți.

Așadar, ce este posibil?

În primul rând, odată ce ai ieșit din cușca abuzului care te ține într-o poveste de "victimizare", întreaga lume îți este larg deschisă. Afară, în spațiul deschis și sălbatic, îți dai seama că ai alte opțiuni în ceea ce privește modul de a trăi și de a relaționa cu tine și cu ceilalți.

De exemplu, în cazul meu, când am descoperit cine eram de fapt dincolo de o fată închisă, mizerabilă și autodistructivă, am aflat că eram bună, strălucitoare, fenomenală și amuzantă.

Cine și ce așteaptă să fie văzut de tine?

Pe măsură ce îți exersezi noile alegeri, începi să devii mai încrezător. Vechile tipare de abuz nu mai au putere asupra ta. Acum ai puterea asupra abuzului tău și, odată cu aceasta, puterea de a alege o nouă viață pentru tine.

Nu vă mai creați viața din distrugere, ci din alegere.

Știu că acest lucru poate părea o sarcină dificilă, deoarece, sincer, s-ar putea să fiți mai atașat de povestea victimei decât de posibilitatea unei vieți dincolo de ea. Observ acest lucru de nenumărate ori la oameni atunci când vin pentru prima dată la mine. S-ar putea să vă simțiți ca o victimă a circumstanțelor, așa cum m-am simțit și eu atât de mult timp, ca și cum nu ați putea face nimic pentru a le schimba.

Dar este o minciună... Pur și simplu.

BUNĂTATEA ESTE O ENERGIE REGENERATIVĂ

Copiii care au fost abuzați cred adesea că sunt răi și greșiți, dar a fost nevoie de acea conversație cu profesoara mea de Violență în Familie din facultate și de ajutorul ei pentru a realiza că nu eram lipsită de valoare.

Această profesoară a fost prima persoană care m-a întrebat vreodată dacă sunt bine, iar acest singur act de bunătate m-a făcut să conștientizez cât de rău îmi *era* . Cu sprijinul ei, am început să înțeleg că puteam face ceva pentru a depăși abuzurile din trecut - că puteam să depășesc stadiul de supraviețuire, chiar dincolo de înflorire, într-o zi.

A fost ca și cum ea mi-a dat cheia secretă pentru a mă debloca din cușca propriului meu abuz.

Am început să văd tiparele abuzive și distructive pe care le perpetuam prin comportamentul nesăbuit și m-am angajat să aleg altfel. Nu am făcut asta de una singură. Prin sprijin profesional și conversații confidențiale, am reușit în sfârșit să mă eliberez de povestea de victimă pe care o trăisem timp de aproape trei decenii.

Când am renunțat la asta, cușca invizibilă a început și ea să se destrame. Nu mai aveam nevoie de barierele și zidurile pe care le ridicasem pentru a mă proteja, pe măsură ce am realizat încet că aveam alte opțiuni pentru modul în care trăiam și cum mă refeream la mine și la ceilalți.

Și totul a început cu acel singur act de bunătate care, într-adevăr, a făcut ca "neînțelegerile, neîncrederea și ostilitatea să se evapore".

Evident, nu orice moment de bunătate va face acest lucru. Bunătatea poartă multe fețe. Ea variază de la cel mai simplu act - cum ar fi un zâmbet - care nu durează mai mult de o secundă, până la ofertele extravagante de ajutor. Poate fi întâmplătoare și să vină din senin sau oferită ca răspuns la nevoile cuiva.

În realitate, probabil că este mai naturală pentru tine decât orice altă abordare, deoarece, așa cum am spus la început, bunătatea este *deja în tine*.

Nu trebuie să mergi prea departe pentru a o găsi, deși poate părea imposibil de accesat atunci când ești închis în judecată. Așadar, dacă îți este greu să fii amabil, începe să cauți în jurul tău judecățile fundamentale care îți blochează calea.

O modalitate de a face acest lucru este să vă puneți întrebări ca acestea:

- *" Sunt judecător sau amabil cu asta?". - fie că este vorba despre bani, relații, corpul tău sau altceva.*
- *" Mă simt expansiv sau restrictiv?".*
- *"Se simte acest lucru ușor sau greu?"*

Angajându-vă și acceptând bunătatea față de voi înșivă - de la voi înșivă și de la ceilalți - poate apărea un nou spațiu de energie și conștiință - un loc de primire care este în același timp vibrant, viu, puternic, suculent și cu totul în *mod delicios tu*.

Bunătatea deschide calea unei vitalități de vârf care necesită doar patru lucruri, pe care eu le numesc "cele 4 E-uri":

1. *Îmbrățișează* ceea ce este adevărat pentru tine
2. *Examinați* ceea ce priviți de fapt
3. *Extindeți-vă* într-o nouă posibilitate, conștientizare și bunătate
4. *Întruchipează* schimbarea și adevărul despre tine.

Într-un mod foarte real, a învăța bunătatea este ca și cum ai învăța o nouă limbă. În cazul meu, nu era o limbă cu care eram familiarizat. Nu era "prima" mea limbă, cea pe care o auzeam și o vorbeam acasă. Și a fost nevoie să exersez de-a lungul timpului nu doar pentru a o învăța, ci și pentru a deveni apoi fluentă în ea.

Și, ca și limbajul, este o energie creativă, generativă - exact ceea ce este necesar pentru a crea o nouă viață plină de energia expansiunii.

Frumusețea este că, renunțând la judecăți și valorificând puterea bunăvoinței și a blândeții, poți dizolva toate modurile de nepăsare pe care le-ai experimentat și poți renunța la nevoia de a te proteja.

Poți în sfârșit să renunți la pene și să fii deschis la primirea unei vieți generoase - să fii cu adevărat darul pe care îl ești pentru tine și pentru lume. În acest loc fără bariere, vei descoperi un spațiu mai moale, mai vulnerabil... în același timp sacru și sigur.

Aici energia primirii curge liberă şi uşoară ca un mare râu.

Trebuie doar să îl alegeţi, să păşiţi în el şi să îl lăsaţi să vă mişte pe calea sa amplă şi generoasă. Totul este al tău, pur şi simplu pentru că ai ales.

În capitolul următor, vom vorbi mai mult despre primire şi, mai exact, despre "primirea sedusă".

CAPITOLUL 5

SEDUCEREA DE A PRIMI DE A FI BINECUVÂNTAREA CARE EȘTI TU DE FAPT

Din acel moment, mi-am dat seama că asta este ceea ce voiam să fac, ceea ce trebuia sa fac: Să dau energie și să o primesc înapoi prin aplauze. Iubesc asta. Aceasta este lumea mea. Iubesc asta. Îmi place asta. Trăiesc pentru asta.

— ERYKAH BADU

Sper că, până acum, începi să simți că te afli aici pentru a trăi o viață mult mai mare decât ți-ai imaginat până acum.

Nu contează ce se întâmplă.

Poate că "ce-ul" tău - ca și al meu - este depășirea a zeci de ani de abuz și o viață radical de vie. Dacă eu am putut continua să îmi creez o viață dincolo de cele mai nebunești vise, știu că și tu poți face acest lucru. De fapt, știu acest lucru pentru toți clienții mei.

Indiferent dacă te-ai luptat sau nu cu abuzul, sunt șanse ca, dacă citești această carte, să existe ceva în viața ta care se simte ca o capcană, o cuşcă, un fel în care te simţi exclus de la posibilitatea de a primi.

Vestea bună este cheia pentru a debloca închisoarea de a *nu te primi* se află în interiorul tău.

CE ÎNSEAMNĂ A PRIMI?

Să primeşti este o acţiune pe care o întreprinzi fără bariere faţă de oricine sau orice. Este un spaţiu al vulnerabilităţii, al deschiderii şi al unităţii cu totul. A primi nu are limite sau obligaţii. Nu este forţată sau cerută, este pur şi simplu un mod de a fi spaţiul *tău* în energia *ta* ca şi conştiinţă a ta!

Pentru a fi energia, spaţiul şi conştiinţa ta, trebuie doar să îţi imaginezi că eşti la fel de mare ca universul şi ca pământul. În această măreţie, sunteţi totul şi nimic în acelaşi timp. Faci parte din toate, pentru că există literalmente o comuniune moleculară, care include conştiinţa cu şi pentru şi despre toate.

Această energie pe care eu o numesc "primire" vă oferă putere totală, alegere totală, conştientizare totală, putere totală din vulnerabilitatea conţinută în dorinţa de a fi cel mai mare tu care există.

Cum ar fi lumea dacă am trăi cu toţii ca acest spaţiu de energie?

Din nefericire, pe această planetă, energia de primire a fost împânzită de războaie, conflicte, abuzuri şi teroare, ceea ce *nu* este deloc energia de primire. Primirea creează; abuzul distruge. Primirea generează; războaiele distrug. Primirea produce comuniune; conflictele formează separări. Primirea construieşte sustenabilitate; teroarea stinge alegerea. A alege înseamnă a primi.

A primi înseamnă a alege dincolo de forma și structura acestei realități.

Primirea este, așadar, cea mai mare armă pe care o avem cu toții pentru a aboli modurile învechite de a fi - pur și simplu fiind energia îngăduinței totale.

CE ESTE ENERGIA PRIMIRII?

A primi este energia necesară pentru a trăi viața pe care ți-o dorești. Este, de asemenea, energia pe care este posibil să o blochezi dacă ai suferit orice formă de abuz.

Cum știi dacă blochezi energia de primire?

- Tânjești după comuniune, dar te simți blocat în relații mai puțin satisfăcătoare.

- Îți dorești succesul în carieră, dar ai atins un plafon și nu înțelegi de ce nu câștigi mai mult.

- Visezi să fii sănătos în mod vibrant, dar te lupți cu o anumită afecțiune cronică.

În propriul meu proces de vindecare, am descoperit că există o legătură directă între abuz și tendința de a bloca primirea. Cu toate acestea, există modalități de a debloca energia de primire în viața ta. Mai jos, am enumerat cinci pași care vă pot ajuta:

5 Pași Pentru A Debloca Energia De A Primi

PASUL 1: ACCEPTĂ PORCUL ȚEPOS INVIZIBIL

Cât de des devii iritat când cineva vine spre tine? Eu numesc asta "porc spinos invizibil". Este un fenomen pe care îl cunosc foarte bine, atât la mine, cât şi la clienţii cu care am lucrat în ultimele două decenii.

Ştiţi de unde vin aceşti spini? Abuzurile din trecutul tău. Cândva, lumea nu era sigură pentru tine, aşa că ai creat aceste pene ca cea mai bună încercare a ta de a te proteja. Acele au funcţionat bine atunci; doar că acum sunt depăşite.

Cât de mult dezinvitaţi în viaţa voastră cu aceşti ghimpi?

La fel cum ai sperat că ghimpii îl vor ţine departe pe agresorul tău, acum ele ţin dragostea, banii, clienţii şi orice altceva la o distanţă "sigură". O distanţă de siguranţă blochează primirea, deoarece eşti mereu cu ochii în patru pentru când va avea loc catastrofa.

Este timpul să vă actualizaţi hard disk-ul?

Primul pas pentru a debloca energia de primire este să recunoşti că ai fost un porc spinos invizibil cu ţepi înarmaţi şi gata să se apere 24 de ore din 24, 7 zile din 7, întruchipând o postură de autoapărare pentru atac tot timpul.

PASUL 2: ELIMINĂ POVEŞTILE CARE TE BLOCHEAZĂ SĂ Primeşti

Atunci când aţi suferit un abuz, aţi fost forţat să "primiţi" ceva ce nu aţi dorit să primiţi. În acel moment, ai creat o poveste conform căreia nu este sigur să primeşti sub nicio formă. Dragoste? Bani? Sănătate? Toate devin periculoase.

Pentru mine, a primi a însemnat a primi judecată. A însemnat să fac ce spunea mama ca să nu fiu bătută. A însemnat să fiu şi să trăiesc realităţile altora cu o dorinţă disperată de a primi hrană și iubire (pe care nu le-am primit niciodată, decât sub formă de bani și obiecte și, în cele din urmă, abuzuri).

Ce înseamnă pentru tine să primești?

Ce povești v-ați spus despre primire care vă mențin acele la locul lor? Ești dispus să renunți la aceste povești?

Pe cine sau ce ai identificat și aplicat greșit ca fiind primire și care de fapt era apărare?

PASUL 3: RECUNOAȘTE CĂ ȚEPII POT REVENI ÎN AMBELE Sensuri

La fel cum "vârfurile" porcului spinos invizibil sunt îndreptate spre exterior și țin totul în viață (iubire, bani, sănătate etc.) la o distanță "sigură", tot așa și ele sunt îndreptate spre interior și te împiedică să avansezi în propria viață.

La un moment dat, poate cu mult timp în urmă, ai învățat că nu era "sigur" să ieși în față. În încercarea de a scăpa de abuzul tău sau de a spune cuiva despre abuzul tău, este posibil să te fi deconectat sau disociat. Oricum ar fi, v-ați îndepărtat de voi înșivă pentru a încerca să vă mențineți în siguranță.

Astfel, continui să te înțepi cu propriile pene sub forma unor povești că nu este sigur să fii văzut sau auzit.

Știi care este cel mai dureros lucru în toate acestea? Îți trăiești propria viață la o distanță "sigură" față de tine însuți și nu primești niciodată pe deplin frumusețea și potența *ta*.

Nu ajungi niciodată să te *primești* pe tine.

Și, sincer, probabil că nu știi decât foarte puțin sau deloc cine ești - cine ești cu adevărat - pentru că pană acum nu ai permis niciodată ca adevăratul tu să iasă la suprafață.

Aceasta este adevărata epidemie de abuz, având în vedere această realitate: Noi divorțând de noi înșine.

La fel ca în Pașii 1 și 2, trebuie să recunoști că și pe tine te-au rănit penele și să renunți la poveștile pe care ți le-ai făcut despre ceea ce înseamnă să ieși în față în propria viață, iar modalitatea de a face acest lucru este prin iertare și acceptare. Acestea sunt cheile acestui pas și nu sunt pentru nimeni altcineva în afară de tine.

Să te ierți și să te accepți pe tine însuți este cea mai mare bunătate pe care o poți primi.

Pasul 4: Eliberează Primirea Forțată

Așa cum am menționat în Pasul 2, atunci când ați suferit un abuz ați fost forțat să "primiți" ceva ce nu ați dorit să primiți. Acest lucru se numește "primire forțată".

Cum influențează această experiență din trecut modul în care le oferiți celorlalți astăzi?

Ați scăpat de primirea forțată sau de fapt repetați ciclul? Primirea forțată te pregătește să fii respins din nou și din nou. Este ceea ce te ține departe de adevărata comuniune în fiecare aspect al vieții tale.

Cum îți dai seama dacă ești prins în ciclul "primirii forțate"?

Crezi că știi ce este cel mai bine pentru ceilalți: "Poftim, mănâncă asta". "Fă asta". "Ia asta". Le dai ceea ce crezi că ceilalți "ar trebui" să aibă în loc să le ceri ceea ce cer.

În esență, trăiești ca fiind superior tuturor și inconștient în legătură cu totul. Doar pentru că poți face lucruri pentru alții, nu înseamnă de fapt că ei le vor. Să forțezi pe cineva să primească ceea ce crezi că este cel mai bine pentru el sugerează că tu știi mai bine, ești mai deștept și mai conștient, ceea ce îl devalorizează complet. Este o lipsă totală de respect față de ființa lor.

Așadar, nu-ți mai forța voința asupra celorlalți și permite-le să fie cine sunt și primește-i pentru tot ceea ce au, fără niciun punct de vedere. Simpla curiozitate față de celălalt merge foarte departe în crearea de relații din primire și permisiune.

Așadar, cum treceți dincolo de "primirea forțată" și intrați într-o altă posibilitate?

PASUL 5: ÎMBRĂȚIȘEAZĂ PRIMIREA SEDUCĂTOARE

Totul începe cu conștientizarea. Odată ce vezi cum folosești "primirea forțată", poți alege altceva.

De ce să nu încerci *primirea sedusă?*

De acord, seducția poate suna puțin periculos pentru tine, mai ales dacă ai experimentat un abuz ca urmare a faptului că ai fost sau ai făcut ceva care l-a "sedus" pe altcineva să se impună cu forța asupra ta.

Așadar, doar un memento, ca și în Pasul 2, aici puteți alege să eliminați această poveste care vă blochează primirea.

Dacă există un mod "sigur" de a fi seducător?

Și dacă "primirea sedusă" este esențială pentru a invita tot ceea ce îți dorești în viața ta? Agresorii noștri au încercat să ia ceva la care nu aveau dreptul. Ținând seducția sau trăirea orgasmică departe de tine, perpetratorii rămân la conducerea ta. Devenind arta propriei tale seducții, restabilești un spațiu de întruchipare care a fost întotdeauna în tine, chiar înainte de abuz. Revendică-l, este al tău.

Cu primirea sedusă, tu eşti invitaţia pentru ceea ce îţi doreşti. Devii energia posibilităţii unei mai bune sănătăţi, relaţii, bani şi afaceri.

De ce ar fi nevoie pentru ca bunătatea şi blândeţea ta să fie atât de puternice încât să dizolve toate modurile de nepăsare pe care le-ai experimentat (şi de care continui să încerci să te "protejezi" cu pene)?

În acest loc al primirii seduse, tu eşti cu adevărat darul care poţi fi: pentru tine şi pentru lume.

În acest loc al vulnerabilităţii blânde, dai drumul la pene; nu mai există bariere. Aici, energia primirii curge liberă şi uşoară. Spaţiul, energia şi conştiinţa primirii sunt vibrante, vii, puternice, suculente şi pur şi simplu delicioase.

Este delicios pentru că eşti tu însuţi.

Este vie pentru că vă întruchipaţi energia. Este puternic pentru că cea mai mare putere a ta este bunătatea.

Este vibrantă şi suculentă pentru că permiteţi ca voi toţi să fiţi înzestraţi în şi cu această realitate, ceea ce îi schimbă pe toţi şi totul în şi în jurul vostru la nivel molecular. Primirea sedusă este cea mai mare formă de vitalitate de pe această planetă. Cu toţii o avem în mod intrinsec şi, cu cât o îmbrăţişaţi mai mult, cu atât vă veţi conecta mai mult cu energia de expansiune, aşa cum veţi descoperi în capitolul următor.

CAPITOLUL 6
ENERGIA EXPANSIUNII

*Viața personală trăită profund se extinde în adevăruri de dincolo
de ea.*

— *ANAIS NIN*

Când aveam doar șapte ani, îmi amintesc că mă uitam pe fereastra dormitorului meu la lună, cu o rugăciune grea pe inimă. Până atunci, trecusem deja prin tot felul de abuzuri fizice, sexuale, emoționale și mentale care au continuat până la vârsta de 20 de ani. Și la acea vârstă fragedă mi-am dedicat viața pentru a mă scoate din ceea ce eu numesc cușca invizibilă a abuzului, pentru că știam că altceva era posibil.

Mi-am jurat că într-o zi voi găsi o cale dincolo de viața pe care o trăiam. Am jurat să fac tot ceea ce este necesar pentru a crea o lume în care toți copiii să poată să își așeze capul pe pernă noaptea și să se odihnească liniștiți.

A fost nevoie de ani de zile, de mult sprijin și de mult curaj pentru a practica arta energiei de expansiune. Am găsit o cale de a prospera dincolo de abuzul sexual din copilărie şi am sprijinit mulţi oameni să trăiască dincolo de propriul abuz pentru a-şi crea vieţi nelimitate.

Călătoresc în întreaga lume facilitând cursuri. Am o emisiune de radio la *Voice America,* unde ajung la mii de ascultători în fiecare săptămână cu emisiunea mea, "Dincolo de abuz, dincolo de terapie, dincolo de orice".

Se poate spune că mi-am ţinut promisiunea faţă de acea mică eu de 7 ani.

Am ales să nu renunţ niciodată, să nu mă dau bătută şi să merg mereu spre ceea ce era infinit mai mult posibil. Şi, în prezent, m-am angajat să eradichez şi să elimin abuzul de pe această planetă, astfel încât mai mulţi copii şi mai mulţi adulţi să trăiască o existenţă plină de putere şi expansiune, care este dreptul lor din naştere.

NU ESTE VORBA DOAR DESPRE ABUZ

Ca să fie clar, nu trebuie să fi suferit abuzuri în copilărie pentru a te găsi închis în propria cuşcă invizibilă, una care te împiedică să fii energia expansiunii şi măreţia pe care ţi-o doreşti.

Cuşca invizibilă nu cunoaşte niciun gen şi este mai mult decât fericită să prindă în capcană pe oricine.

Dacă ai fost prins în mrejele ei, probabil că eşti pregătit să te eliberezi şi să creezi lumea despre care ştii că este posibilă. Poate că, la fel ca mine, ai făcut un jurământ să faci acest lucru pentru tine, dar nu eşti sigur cum să faci acest lucru.

Te invit să explorezi modurile în care "cuşca invizibilă" te-a ţinut departe de măreţia ta, astfel încât şi tu să poţi trece dincolo de constrângerea cuştii şi să întruchipezi energia expansiunii.

A RECUNOAŞTE ENERGIA EXPANSIUNII

Dacă porniţi în această călătorie, este util să ştiţi ce doriţi să creaţi. Energia de expansiune este:

- Cunoaşterea măreţiei tale şi a fiinţei magice care eşti cu adevărat.
- Să trăieşti o viaţă de distracţie, libertate, bucurie şi vitalitate radicală
- Recunoaşterea faptului că există întotdeauna posibilităţi infinite
- Să ceri şi să primeşti ceea ce îţi doreşti
- Experimentarea comuniunii cu tine însuţi şi cu ceilalţi
- Dăruind lumii ceea ce este exclusiv al tău
- Alegând să vă creaţi o viaţă împuternicită dincolo de orice limite

Destul de fantastic, nu sunteţi de acord? Imaginaţi-vă ce fel de viaţă puteţi crea atunci când întruchipaţi această energie a expansiunii.

Pentru a îmbrăţişa pe deplin şi a opera din această energie puternică, haideţi să analizăm trei dintre cele mai mari limitări ale cuştii invizibile şi cum să trecem dincolo de ele pentru a întruchipa energia de expansiune care eşti cu adevărat.

DE LA VICTIMIZARE LA ÎMPUTERNICIRE

În copilărie, am devenit destul de închisă. Nimic din ceea ce făceam nu făcea vreo diferenţă: Tot am fost abuzată. Am crescut crezând că nu puteam face nimic pentru a scăpa de abuz. Am fost o victimă a acestuia.

Și am dus această poveste de victimă până la vârsta de 20 de ani - am băut, am petrecut, m-am drogat și m-am implicat în alte comportamente nesăbuite pentru a încerca să scap de durerea abuzului din trecut. Nu mi-a păsat de mine însămi. Nu știam atunci cât de frecvent este pentru copiii care au fost abuzați să creadă că sunt răi și că greșesc.

Călătoria dincolo de povestea victimei m-a condus prin cușca invizibilă către mine și, în cele din urmă, în afara cuștii către cine sunt cu adevărat. Am descoperit cine eram cu adevărat dincolo de închisoarea fetei mizerabile și autodistructive. Am aflat că eram bună, strălucitoare, fenomenală și amuzantă.

Am realizat, de asemenea, că aveam și alte opțiuni pentru modul în care trăiam și cum mă raportam la mine și la ceilalți. Pe măsură ce mi-am exercitat noile alegeri, am devenit mai încrezătoare. Vechile tipare le-am înfruntat direct și am recunoscut că m-au distrus. Apoi am ales să-mi creez viața din ceea ce este ușor și corect pentru mine. În ciuda abuzului, am ales să-mi dau posibilitatea de a crea ceva complet diferit, dar conectat la ceea ce am fost întotdeauna.

Dar tu?

Este "povestea victimei" cea care îți conduce viața? Ai repetat și tu ciclul abuzului prin tipare autodistructive și poți vedea cât de lipsit de putere este acest lucru?

Ce-ar fi dacă ai putea să-ți creezi de fapt viața din alegere, mai degrabă decât din distrugere?

Dacă ați suferit vreo formă de abuz în viața dumneavoastră sau orice fel de "nedreptate", s-ar putea să fiți mai mult dedicat poveștii "săracul de mine" decât posibilității unei vieți dincolo de ea. S-ar putea să vă simțiți ca o victimă a circumstanțelor, așa cum am făcut-o și eu pentru atât de mult timp, ca și cum nu ați putea face nimic pentru a le schimba. De fiecare dată când am spus că nu pot face nimic pentru a-mi schimba viața, am știut că mint. Alegerea pe care am făcut-o a devenit diferența dintre mine și sentimentele mele. Mi-am dat seama că eu nu sunt sentimentele mele și că eu sunt alegerile mele.

Dar, dacă o alegeți, puteți lăsa ca aceasta să fie o "fază" în călătoria voastră din cușca invizibilă către energia expansiunii. Ești pregătit să renunți la povestea cu lipsa de alegeri? Dacă da, următorii pași vă pot ajuta să vă ghidați.

3 Pași Pentru A Trece Dincolo De Victimizare Și A Deveni Împuternicit

1. Obține asistență de la personal specializat

De multe ori, aceleași persoane cu care vă împărtășiți problemele sunt cei care au contribuit la crearea acestor probleme - familie sau prieteni. Discuția cu un profesionist vă accelerează propria mișcare în călătoria de ieșire din victimizare. Împărtășirea a ceea ce ați dori să creați cu altcineva și colaborarea împreună din împuternicirea cu și pentru alegerile dumneavoastră spune multe în a vă mișca dincolo de abuzul dumneavoastră. Este un plan de siguranță pentru a trăi radical în viață. Profesioniștii în vindecare cu care am lucrat au devenit aliații mei în vindecare. Acum îmi permit să fiu asta pentru alții, așa cum sunt asta pentru mine. Nu judecați niciodată cât de mult timp sau ce cale urmează drumul, doar continuați să alegeți dincolo de constrângerea a ceea ce nu a fost niciodată al vostru în primul rând.

1. Împărtășește povestea și eliberează-ți toate secretele

Secretele te mențin în rolul de victimă. Ele creează rușine și vă mențin lipsit de putere și blocat în constrângere și limitare. Pentru fiecare secret, trebuie să ții în tine aproximativ 25 de motive și justificări pentru a păstra acel secret. Aceste secrete devin o greutate moartă și te dezamăgesc de autenticitatea pe care ți-o dorești. Și, în mod ciudat, acele secrete nici măcar nu sunt ale tale. Ele sunt, de obicei, autorii sau judecățile altora puse asupra ta pentru a te împiedica să fii tu însuți. Judecata este o adevărată epidemie în această realitate, mai ales în jurul abuzului.

1. Alege să renunți – și să te deplasezi dincolo – de povestea de „victimă"

Atunci când renunți la povestea ta și treci dincolo de ea, începi să faci un pas spre a fi magia care ești cu adevărat. Descoperi energia expansiunii care îți este disponibilă dincolo de cușcă. Există o artă în a renunța la povestea ta și aceasta constă în a face alegerea de a crea ceea ce îți place de fapt să fii și să faci. Abuzul "se simte" ca și cum nu ai fi avut niciodată de ales. În acel moment, nu ai avut, în anii care au urmat ai în fiecare secundă a fiecărei zile. Am decis ca povestea mea să fie ceea ce creez acum și nu ceea ce am creat pe baza a ceea ce s-a întâmplat cu ani în urmă.

Pe măsură ce treci dincolo de vechea poveste despre tine, vei începe să experimentezi energia expansiunii: libertate, bucurie și propria măreție. Vei începe să vezi mai multe posibilități pentru tine și pentru viața ta și vei descoperi noi surse ale potenței tale în locuri surprinzătoare. Acest lucru va trezi în tine recunoașterea faptului că ai fost întotdeauna tu dincolo de abuz și înainte de abuz. Abuzul nu trebuie să te definească niciodată; ești mult mai mult și ești întotdeauna.

DE LA ARMURĂ LA VULNERABILITATE

Când mama mă înjura și mă înjura, nu plângeam și nu lăsam să se vadă cât de supărată eram. Am făcut doar ce mi s-a cerut, am terminat cu asta și m-am dus în camera mea să mă ascund. Când mă bătea, mă "întăream" și mă distanțam. Știam că nu trebuie să plâng, pentru că mă va lovi și mai tare. Știam că s-ar fi terminat mai repede dacă aș fi îndurat și mi-aș fi pus "armura" invizibilă prin faptul că nu plângeam.

Am crescut crezând că sunt mai în siguranță dacă sunt dură. Mi-am dezvoltat o armură foarte groasă pentru a-mi proteja interiorul moale. În acest fel, agresorii mei au primit doar armura mea; nu m-au "prins" niciodată pe deplin.

Așa cum am vorbit într-un capitol anterior, numesc acest tip de comportament "blindarea fenomenului porcușorului invizibil". La fel cum un porc spinos se apără cu țepușe ascuțite, s-ar putea ca și tu să porți o armură făcută din țepi invizibili. Este cea mai bună încercare a ta de a te proteja de o lume care nu pare sigură.

Dar cât de expansiv poți fi atunci când te aperi în mod constant?

La fel cum ai sperat că țepii vor ține departe un agresor, acum ele țin relațiile, banii, clienții și toate celelalte la o distanță "sigură".

Acești țepi te blochează să primești viața pe care ți-o dorești pentru că ți se pare periculos să primești ceva.

Cât de mult respingi să intre în viața ta în acest moment din cauza acestor mecanisme de protecție? La fel cum aceste țepule de porc spinos invizibile se proiectează în exterior, menținând o distanță "sigură" față de diverse aspecte ale vieții, cum ar fi relațiile, finanțele și clienții, ele se întorc, de asemenea, spre interior, împiedicându-te să te implici pe deplin în propria ta viață.

La un moment dat, probabil în trecutul îndepărtat, ați învățat că a face un pas înainte nu era considerat "sigur". S-ar putea să vă fi deconectat sau să vă fi disociat de dvs. în încercarea de a evita sau de a dezvălui cazurile de abuz. Oricum ar fi, v-ați distanțat de adevăratul dvs. sine în efortul de a vă proteja bunăstarea.

În consecință, persistați să vă răniți involuntar cu propriile țepușe protectoare, exprimate sub forma autojudecăților și a convingerii că nu este sigur să vă exprimați adevăratul sine. În încercarea de a scăpa de orice potențiale amenințări care ar putea să mai zăbovească "acolo", continui să te diminuezi, străduindu-te chiar să devii discret.

Vrei să știi care este cel mai dureros lucru în această situație?

Îți trăiești propria viață la o distanță "blindată și sigură" față de tine însuți, fără să primești niciodată pe deplin frumusețea și potența *ta*. Niciodată nu experimentezi puterea vulnerabilității tale.

Vulnerabilitatea înseamnă să fii *tu* fără armură, fără apărare. A fost nevoie să fiu în relație cu terapeuți, vindecători, parteneri și, în cele din urmă, cu mine însumi, pentru a avea încredere că pot fi "în siguranță" dacă îmi îndepărtez armura.

Cu timpul, am reușit să-mi eliberez în cele din urmă atât țepușele interioare, cât și cele exterioare.

Și, pe măsură s-au dizolvat, am descoperit un nou nivel de vulnerabilitate care mi-a servit într-o capacitate mult mai mare.

În acest spațiu blând și deschis, am experimentat o comuniune cu mine și cu ceilalți așa cum nu mai cunoscusem până atunci. Am putut să cer și să primesc ceea ce mi-am dorit cu adevărat. Și m-am simțit mai vie ca niciodată, pentru că în sfârșit mă primeam pe deplin pe mine și viața mea.

Am descoperit că există o potență în vulnerabilitate care arată și se simte cu totul altfel decât puterea de a te "oțelii". De fapt, această potență este cea mai bună "protecție" de care ai putea avea cu adevărat nevoie vreodată.

Un mic avertisment, totuși...

Când armura dispare, s-ar putea să vă simțiți puțin "goi" sau supraexpuși - și acest lucru este complet normal. Nu este nimic în neregulă. Este doar spațiul tău interior moale care devine mai expus la o viață de comuniune cu tine însuți dincolo de armură.

Totuși, există un ultim aspect omniprezent al cuștii invizibile care vă va bloca accesul la energia expansiunii, dacă nu învățați cum să treceți dincolo de ea

DE LA JUDECATĂ LA BUNĂTATE

Judecata este opusul expansiunii. Este o formă de constrângere și limitare și o formă omniprezentă de abuz de sine.

Atunci când judeci pe altcineva, de fapt te aperi, te deconectezi, negi și te disociezi de ceea ce nu ești dispus să vezi la tine însuți. *Judecata* te ține mințindu-te pe tine și te închide din nou în cușca invizibilă a abuzului, care te ține închis față de tine, față de ceilalți, față de viață și, cu siguranță, față de crearea vieții pe care ți-o dorești. Atunci când te judeci, devii propriul tău temnicer etern și te închizi și mai mult în greșeala ta. Judecata te readuce la confortul a ceea ce știi (cât de "rău" ești) și îți garantează că nu trebuie să fii niciodată mai mult decât ești în acest moment. Ea solidifică cușca invizibilă a abuzului.

Judecata te menține mic și zbuciumat, ca o victimă și neputincios, blindat și amorțit. Ca urmare, încetezi să mai generezi și să creezi dincolo de cușcă; în schimb, te perpetuezi și menții ciclul abuzului.

Cum este aceasta o bunătate pentru tine? Către cineva?

Singura modalitate de a trece dincolo de cușcă și de a intra în energia expansiunii este să treci dincolo de judecată și există șase pași care te pot ajuta.

Când îi judeci pe alții de fapt aperi, deconectezi, negi și disociezi de ceea ce nu vrei să vezi. Judecățile te fac să te minți pe tine și să te închizi în închisoarea invizibilă a abuzului, care te ține departe de tine, de alții, de viață și cu siguranța de viața pe care ți-o dorești.

6 Pași Pentru A Accesa Spațiul Fără Judecată

1. Stați într-un spațiu liniștit, închideți ochii și respirați adânc de câteva ori
2. Extindeți-vă energia în pământ
3. Oferiți *judecățile* voastre pământului ca o contribuție

4. Deschideți-vă pentru a primi contribuția pe care pământul o poate fi pentru voi

5. Aduceți-vă energia înapoi în voi înșivă, fără *judecățile* voastre

6. Observați ceea ce vă este conștient

PĂMÂNTUL ESTE SINGURUL LOC ÎN CARE *JUDECATA* NU POATE locui. Este locul în care te poți întoarce în mod repetat pentru a-ți elibera *judecățile* și a simții pacea și posibilitățile expansiunii. Este de fapt o bunătate să dăruiești *judecățile* tale pământului. Dăruind pământului gunoiul de grajd al *judecății* , fertilizezi o nouă posibilitate pentru tine și pentru toți ceilalți.

În spațiul lipsei de *judecată* se află bunătatea. Bunătatea este adevărul despre cine ești și despre ceea ce ai fost întotdeauna.

Bunătatea este o energie generativă. După ce am călătorit prin lume și am lucrat cu mii de oameni, am descoperit că bunătatea este necesară pentru a trece dincolo de *judecată*, abuz și limitare. Această energie generativă este cea care creează o viață nouă, plină de energia expansiunii.

CA UN EXERCIȚIU, IMAGINAȚI-VĂ UN MOMENT...

- *Ce s-ar întâmpla în 50 de ani pe această planetă dacă ați alege bunătatea?*
- *Ce s-ar întâmpla dacă ați renunța la povestea victimei și ați alege calea împuternicirii?*
- *Ce s-ar întâmpla dacă ați elibera armura și ați alege puterea vulnerabilității?*
- *Ar dispărea boala?*

- S-ar *atenua conflictele?*
- Ați *fi fericiți?*
- *Cum v-ar deschide energia expansiunii către o lume de noi posibilități?*

Există o viață dincolo de abuzuri... dincolo de o cușcă care te ține mic și neputincios.

Nu trebuie să fii tânăr, așa cum eram eu la șapte ani, privind la lună, visând la o viață dincolo de abuzuri, pentru a începe să folosești atracția extraordinară a energiei expansiunii. Funcționează pentru toată lumea, indiferent unde vă aflați.

Tot ceea ce este necesar este să alegi să te joci cu ea, iar despre asta este vorba în următorul capitol.

CAPITOLUL 7

JOCUL CU LUMINA

În fiecare zi te joci cu lumina universului.

— PABLO NERUDA

Viața poate fi mult mai simplă - și mult mai distractivă - decât o arată majoritatea dintre noi. Atât de simplă, de fapt, încât, în cea mai mare parte, toți cei 25 de ani în care am lucrat în domeniul terapii non-tradiționale și energetice se rezumă la o temă majoră: Să aflu ce nu funcționează pentru oameni, să împuternicesc o alegere mai bună, să contribui la actualizarea dorinței lor și să generez multiplele posibilități de a-și crea viața dorită.

Când fac acest lucru, rezultatele sunt uimitoare.

Și nu este vorba doar de faptul că sunt mai fericiți, deși este așa. Este, de asemenea, faptul că oricare ar fi "problema" - indicată de medicamentele pe care le iau, de bolile pe care le au, de lipsa banilor sau de altceva - dispare și ea. Puf! Ca prin magie... și tot ce este necesar pentru a obține aceste rezultate este dorința de a alege pentru tine și de a aduce energia și existența jocului în viața ta. Deci, de ce nu o fac mai mulți oameni?

Aceasta este o întrebare foarte bună....

Ceea ce am descoperit în munca mea este că majoritatea oamenilor cu un istoric de abuz au dificultăți în a se juca, a se distra și a renunța. Nu este vorba că nu au această abilitate - cu toții o avem - ci că jocul, în mintea lor, a devenit asociat cu ceva cu totul diferit - și "rău".

De exemplu, uneori jocul s-a transformat în activitate sexuală, unde ceva se simte greșit, dar în același timp bine. Este derutant pentru că nu ești foarte sigur ce este greșit, ce este corect sau ce se întâmplă. În acest scenariu, joaca devine asociată cu rușinea sexuală, un sentiment de greșeală care spune: "Nu ar trebui să fac asta", iar tot ceea ce seamănă cu ea - distracție, dezinvoltură, lejeritate - echivalează cu sentimentul de lipsă de control, similar cu ceea ce ați simțit când ați fost abuzat.

În jocul real, te angajezi într-o activitate pentru plăcere și recreere, invitând ceva nou să existe prin imaginație, activitate, posibilitate, generare și creație.

Odată cu abuzul, joaca se schimbă. Devine serioasă și practică, totul se rezumă la "ce se va întâmpla", ceea ce apoi se constrânge - tăindu-ți libertatea și conștiința de a te juca pur și simplu, ca un copil care aleargă liber. Când ești copil, nu ai gânduri care să te îngrijoreze și să te întrebe dacă ceva rău se va întâmpla din nou. Puține lucruri sunt mai distractive decât elementul necunoscutului, anticiparea, surpriza. Ce copil nu a pus cu nerăbdare întrebarea: "Mi-ai adus o surpriză?" și nu a bătut din palme cu încântare și așteptare? Pe de altă parte, pentru cineva care are un trecut abuziv, surpriza este ultimul lucru pe care și-l dorește. Hiper-vigilența devine cuvântul de ordine. Iar privitul pe la spate sau după colț devine jocul supraviețuirii.

TÂLHARUL JOCULUI

Cu abuzul, ești condamnat să fii nevoit să-ți ții corpul într-un anumit fel, constrângându-te într-un anumit fel, făcând lucrurile într-un anumit fel, astfel încât să nu mai întâlnești abuz. Intri în energia concluziei, deciziei, judecății și restricției. Ca un caz rău de artrită, devii atât de rigid încât te îndepărtezi de orice creativitate, generație și fluiditate. Ești blocat în ceea ce eu numesc cușca invizibilă a abuzului, pe care o descriu pe deplin în următoarea mea carte, Crearea după abuz.

În această cușcă autoimpusă, nu te poți distra pentru că aștepți mereu să aibă loc următoarea catastrofă. Navigarea vieții devine oarecum ca raftingul prin repezirile cu apă albă. În această stare, te întrebi, "De ce mi se tot întâmplă asta? Totul este o astfel de luptă. Nimic nu funcționează niciodată pentru mine, indiferent cât de mult încerc. De ce totul este atât de greu?"

Răspunsul este că, în esență, ești blocat în cei patru stâlpi "," sau cei patru "D's" − introduși în capitolul trei − care alcătuiesc cușca invizibilă: disociere, negare, apărare și deconectare.

În această poziție față de viață, chiar și cele mai simple activități creative, cum ar fi drumețiile de unul singur, pot fi interzise, deoarece ești prea conștient de tine într-o lume care a devenit un loc periculos. În permanență în gardă, conștient că în orice moment siguranța sau confortul tau poate fi întrerupt, se răspândește la alte aspecte ale ființei tale. Este peste tot −în corpul tău, relațiile, banii, sexualitatea − constrâng și se contractă în loc să se extindă într-o nouă posibilitate.

Din punct de vedere al sănătății, rigiditatea și blocarea corpului dumneavoastră pot avea repercusiuni grave. Fără o formă fluidă, care curge liber, poate apărea blocarea, constrângând literalmente fluxul sanguin, privând organele de oxigen și alte elemente vitale de care corpul tău are nevoie pentru a funcționa fără efort. În timp, acest lucru se poate deteriora și mai mult în afecțiuni cronice sau, eventual, tulburări suprarenale sau endocrine cu ușurință. Cu siguranță a făcut-o pentru mine.

În cazul relațiilor, s-ar putea să aveți tendința de a alege oameni care sunt mai indicativi pentru blocarea care este prezentă și blocată în corpul vostru, deoarece așa ar trebui să știți sau să credeți că ar trebui să fie relațiile. Alegi energic oameni, conștient sau inconștient, care te strâng mai degrabă decât pe cei care creează posibilități pentru și cu tine. Venitul și potențialul dvs. de a câștiga bani sunt în pericol, deoarece trebuie să le jucați în siguranță. Un exemplu ar fi să iei un loc de muncă care nu-ți place, dar care îți oferă un salariu pe care te poți baza, deși urăști să mergi la el zilnic. Unde este distracția în această alegere?

Este ca și cum ai trăi înapoi, împotriva energiei, în loc să mergi înainte cu posibilități. Viața devine "Cât de sigur sunt?" în loc de "Ce uimitor! Ce altceva pot crea?"

Jocul și creativitatea sunt alimentate cu imaginație, o minte deschisă și întrebătoare, un spațiu relaxat și posibilitatea ca ceva generativ și expansiv să se întâmple. Acestea sunt exact opusul a ceea ce se întâmplă atunci când mintea ta este ținută captivă în cușca invizibilă a abuzului:

- •Nevoie mare de structură
- •Controlul

- •Pregătit pentru orice
- •Trebuie să știu totul
- •Retras și izolat
- •Orientat spre concluzie
- •Conform
- •Neîncrederea în necunoscut
- •Nesigur
- •Conștientizare hipervigilentă

FORȚELE TALE CREATIVE SUNT MENȚINUTE SĂ CURGĂ PRIN atingerea energiei moleculare a cunoașterii libere a posibilității pure − una în care orice este posibil și comuniunea este sursa creației.

În joc, există o mulțime de necunoscute și cum devine mai bine decât atât? Poți să creezi totul și orice îți dorești. Cu toate acestea, dacă ați experimentat vreo formă de abuz, acea calitate "unknown" ar putea declanșa frica și distruge creația.

VIVACITATE RADICALĂ ȘI ORGASMICĂ

Ai observat vreodată cât timp stau copiii cu ceva? Ei doar trec de la un lucru la următorul− cu mintea și corpul împreună − pe deplin prezenți în moment. Ei își aleg următorul moment în funcție de ceea ce este distractiv și interesant.

În munca mea, mă refer la aceasta ca fiind o viață radicală și orgasmică deplină, în care întreaga ta ființă este prezentă cu tot ceea ce faci. Nu îți faci griji pentru viitor, pentru plata facturilor sau pentru cum arăți; există un mare sentiment de distracție și joacă doar în a fi prezent.

Cu situații abuzive, nu vrei să fii deloc acolo.

Orgasmul nu este doar despre sex... este despre plăcerea senzuală, întruchipată. Ce se întâmplă dacă vrei să miroși un trandafir sau să cumperi trandafiri pentru tine pentru a avea o culoare frumoasă în casa ta? Ce se întâmplă dacă vrei să pui căpșuni pe granola ta și doar gustul ei este orgasmic și delicios? Asta e distractiv și orgasmic! Copiii nu au idei preconcepute; nu au dezvoltat noțiunile pe care le-am învățat ca adulți care ne strâng și ne împiedică să întruchipăm plăcerea deplină.

Și, dacă nu vrei să fii în corpul tău, cum crezi că afectează, să zicem, o relație sexuală și senzuală? Este greu să ai o relație sexuală dezirabilă și orgasmică atunci când ești atât de obișnuit să-ți abandonezi corpul pentru a nu simții ceea ce nu ți-ai dorit în primul rând.

Ce poți, deci, să faci pentru a te aduce pe deplin în corpul tău...și pe deplin în joc?

CU AMBELE PICIOARE ÎN JOC

Când ai crescut, ți s-a spus vreodată să te întrebi: "Mă distrez chiar acum?" Pentru majoritatea adulților, alegerea pentru distracția este un concept străin, aproape deloc o alegere. Dacă nu ai fost niciodată în corpul tău, probabil că nu ți-ai dat niciodată posibilitatea de a alege să întrebi și să ceri pentru tine. Ai ști măcar ce întrebare să pui? Primul pas pentru a juca este să devii pur și simplu conștient că ceva nu funcționează pentru tine și să dai tu însuți alocația de a spune: "Nu prea știu ce se întâmplă aici, dar ceva nu se simte bine și aleg să fac o schimbare, chiar dacă nu știu ce să întreb." Doar că conștientizarea îți va aduce un cadou.

Următorul pas este de a pune întrebări care invocă energia jocului precum:

- Corp, este distractiv pentru mine?
- Mă distrez chiar acum?
- Învăț ceva?
- Îmi extinde asta realitatea?
- Sunt recunoscător?
- Mă bucur de ceea ce sunt acum?
- Mă primeşte această persoană?
- Pot primi?
- Corpul meu se simte bine?
- Ce altceva este posibil aici?
- Pot face ce vreau?
- Îmi trăiesc realitatea plină de distracţie, plină de joacă?
- Ce altceva aş putea alege care ar fi mai jucăuş?

Energia jocului nu este să faci ceea ce era distractiv când erai copil, ci spiritul de distracţie şi locul de joacă al posibilităţilor pe care le aveai atunci în prezent. Este vorba despre ce poţi face pentru a crea o nouă posibilitate şi a scăpa de constricţie în fiecare zi.

De exemplu, aş putea să stau toată ziua în faţa computerului meu, trimiţând lucruri prin poştă şi răspunzând oamenilor, dar asta nu este chiar distractiv pentru mine. Ceea ce este mai distractiv este să faci munca energetică, emisiunea de radio Voice of America, să scrii aceste capitole şi să vorbeşti cu oamenii, să creezi posibilităţi. Dar a fost mult timp în propria mea viaţă în care jocul a devenit nesigur şi am fost mai rigidă şi mai bună cu forma şi structura. Dacă ceva ar supăra-o, m-aş speria. Acum abia am o structură. merg doar cu energia lui "ce este" şi ce mi se cere în fiecare zi.

Asta făceam noi când eram copii. Mergem doar cu energia a ceea ce este posibil astăzi. Când are loc abuz, libertatea nevinovată și locul tău de joacă posibil sunt toate închise, limitate și restrânse. Din fericire, există o cale de întoarcere.

UȘOR E CORECT

Ceea ce este distractiv pentru oameni este ceea ce este lumină pentru ei; este ceva ce poți simți în corpul tău. Lejeritatea este ca adevărul — pentru că cel mai expansiv și vesel lucru pe care îți place să-l faci îi ușurează pe toată lumea. Ești mai distractiv pentru noi toți.

Energia jocului constă în a descoperi care este realitatea ta distractivă — din punct de vedere emoțional, financiar, relațional, sexual și altfel —, întrebând: "Corpule, ce ți-ar plăcea să faci astăzi? Cu cine ai vrea să fii? Cu cine ai vrea să te culci? Ce ai vrea să mănânci? Ce ai vrea să creezi? Ce parte a afacerii tale necesită atenția ta astăzi?"

Dacă corpul meu îmi spune, "Să mergem la sală, " și nu merg, devine foarte nefericit. Mersul la sala poate fi o forma de joaca, miscand spiritul si energia. Sau dacă scrie: "Mănâncă asta," și mănânc altceva, îl depășesc. Întreaga idee este să-ți asculți corpul, șoaptele pe care corpul tău îți spune despre ce necesită în fiecare zi — și ce ai nevoie în fiecare zi — și să mergi mai departe cu el.

Poți aduce această energie a jocului în toate deciziile tale despre ceea ce este potrivit pentru tine.

Cum? Ei bine, ce e distractiv pentru tine? Fă asta!

CE ESTE DISTRACTIV PEMTRU TINE ESTE JOACA!

Acesta este ceea ce te face să lucrezi ziua fără să mănânci, apoi ridică-ţi brusc privirea şi gândeşte-te: "Oh, wow, nu am mâncat!" Te distrezi pentru că eşti cu adevărat pasionat de ceea ce faci. Trăieşti din energie la fel ca şi copiii, care au nevoie continuu de reamintire: "Trebuie să mănânci acum... trebuie să te culci acum." Sunt în acest moment cu o libertate din care trebuie să-i scoţi.

De obicei, adulţii trebuie să reînveţe cum se simte lumina sa grea, astfel încât, atunci când li se prezintă posibilitatea de a alege, să ştie acest lucru în corpul lor. Acolo unde a existat abuz, energia ta este infiltrată, spaţiul tău este încălcat şi conştiinţa ta este anesteziată. Cu toate acestea care se întâmplă, de unde ai putea şti ce este lumina şi potrivit pentru tine? Ştii doar ce e suferinţă şi rău pentru tine. Abuzul îţi ia întreaga viziune asupra vieţii şi o răsuceşte pentru a fi mai periculos şi nu atât de distractiv.

A deveni conştient de ceea ce este uşor şi potrivit pentru tine îţi permite să creezi ceea ce este distractiv pentru tine. Este ca şi cum ţi-ai redefini moleculele la ceea ce ştiau înainte de a fi abuzate. Dacă se simte uşor şi expansiv şi clocotitor, alegeţi-l. Dacă este greu şi dens, puneţi mai multe întrebări şi nu o alegeţi până când nu există uşurinţă. Din păcate, prea mulţi dintre noi alegem greul şi densul, nu lumina şi aşa ne trezim în cabinetele de psihiatrie aşteptând medicamente.

Doar aminteşte-ţi...

CE E UŞOR ESTE CORECT

Distracţia constă în a fi o cerere pentru tine, ca nişte copii care pur şi simplu merg cu, "Hei, hai să facem asta!" şi, "Hei, hai să facem asta!" Desigur, ca adulți, există o natură puțin mai pragmatică, dar dacă întruchipați energia jocului despre care vorbesc aici, vă veți angaja imaginația generativă și creativă. Este inocența copilărească care este în noi toți, care trăiește în corpul nostru indiferent de vârstă.

Și este la fel de ușor ca să alegi să fii pe deplin prezent făcând ceea ce funcționează pentru tine – chiar acum – în cel mai ușor și expansiv mod.

SCHIMBAREA DE UN GRAD

O strategie eficientă și ușoară pentru a construi o viață mai bună este să folosești schimbări de un grad în viața ta. Doar o schimbare practică de un grad vă poate permite cu adevărat să faceți o schimbare transformatoare în lumea voastră și se poate face în fiecare zi.

Toată lumea aspiră întotdeauna să facă o schimbare de o mie de grade, să obțină succes instantaneu, căutând gratificare instantanee. Cu toate acestea, ceea ce am descoperit este că luând un singur moment în fiecare zi pentru a face o schimbare de un grad și apoi repetând acest proces în momentele ulterioare, începeți să stabiliți o conexiune minte-corp-spirit în memoria voastră celulară. Această conexiune vă permite să realizați: „Oh, pot face această schimbare simplă, care are puterea de a modifica traiectoria zilei mele, chiar în acest moment". Este ca și cum un căpitan își ajustează cârma navei cu doar un grad, rezultând o schimbare semnificativă în vasta întindere a oceanului.

Permiteți-mi să împărtășesc o poveste prin care să explic. Cu mulți ani în urmă, eram într-o clasă lucrând cu cineva, concentrându-mă pe traume și abuz. Fără a intra în toate detaliile, ceea ce pot împărtăși este că persoana pe care o asistam a fost blocată dureros. Pentru a face o schimbare de un grad, trebuiau chiar să treacă dintr-o stare de paralizie într-o situație extrem de traumatizantă deși era doar o amintire în mintea lor. Reacțiile lor fizice au fost intense – corpul lor tremura și au fost copleșiți de greață și de un impuls puternic de a vomita.

În acel moment, m-am gândit care ar putea fi cea mai simplă acțiune pe care aș putea-o oferi acestei persoane. Închiseseră deja ochii în timp ce îi îndrumam spre a deveni propriul lor medic interior. Este greu de explicat, dar la un moment dat, am spus, "dacă ți-aș întinde mâna, ai lua-o?" Au răspuns cu un „Nu"."

Am întrebat din nou, simplificând și mai mult sarcina: „Dacă aș întinde degetul spre tine, ai întinde degetul înapoi spre mine?"?" Și au spus: „Da"." Așa că, ei și-au întins literalmente degetul, iar eu l-am întins atât de ușor și i l-am atins cu al meu.

Ceea ce nu știam în acel moment era că aceasta era prima dată când permiteau unei alte persoane să le atingă, de când fuseseră atinse în multe feluri pe care nu le ceruseră. Dar acea schimbare de un grad din acel moment i-a oferit acelei persoane suficient calm și reglare în corpul său pentru a face fizic un pas. Faptul că au spus da și am aflat că a fost prima dată când au lăsat o altă persoană să-i atingă de la atacurile din care au supraviețuit, a fost incredibil. Și acea singură atingere a schimbat traiectoria întregii lor ființe în acel moment la care a fost martor un grup de oameni.

Această acțiune, care este acum recunoscută ca o schimbare de un grad, ar putea fi monumentală și pentru tine, în ciuda faptului că apare ca o ajustare minoră. Acest concept a devenit ulterior o piatră de temelie a metodei ROAR.

Deci, ce este o schimbare de un grad în viaţa de zi cu zi? Este ceva ce faci în momentul de faţă care schimbă traiectoria încotro te îndreptai, dar pentru bine şi în bine. Pentru congruenţa energetică cu ceea ce ştii că este important în viaţa ta. Este pur şi simplu o alegere urmată de o acţiune şi să fii recunoscător pentru asta.

Mentalitatea de schimbare de un grad îţi oferă libertatea de a te răzgândi şi de a te adapta la ceea ce este cel mai adevărat pentru tine în orice moment. Asta e joacă. Frumuseţea este dublă:

1) atingi mai multă libertate şi 2) descoperi mai multă intimitate cu tine însuţi. Dacă alegi ceva care nu funcţionează pentru tine, atunci alegi din nou. Fiecare alegere îţi oferă o conştientizare a ceea ce funcţionează pentru tine, ţinând cont de faptul că ceea ce a funcţionat pentru tine ieri poate să nu funcţioneze pentru tine săptămâna viitoare sau ceea ce a funcţionat pentru tine acum o oră poate să nu funcţioneze pentru tine acum.

Dacă nu ai trăit niciodată în schimburi de un grad, după cum îţi poţi imagina, mergi înainte şi înapoi între libertate şi constricţie în mod regulat. Dar, căutăm doar un grad de schimbare pentru a face o schimbare. Ca un muşchi, construieşti pe el.

Când sunt fericit, totul funcţionează. Când sunt în energia mea plină de joc, mă concentrez doar pe expansiune şi posibilitate. Sunt aici doar bucurându-mă de fiecare moment de pe această planetă ca o nouă posibilitate de generare şi creaţie pentru o realitate nou-nouţă — care generează bucurie, plăcere, posibilitate, joacă şi fericire. Aceasta este o realitate cu totul diferită de cineva care a fost abuzat şi gândeşte: "Totul este atât de greu şi, indiferent cât de mult fac sau cât de mult încerc, nimic nu se schimbă vreodată pentru mine."

JOACA ESTE PRAGMATICĂ

...găsește ce este cel mai interesant pentru tine. Cu cât înveți, cu atât vrei și mai mult să înveți. Este distractiv.
Warren Buffet

Energia jocului nu este doar distractivă –, este și pragmatică. Cu siguranță a funcționat pentru Warren Buffett, care, în Tap Dancing to Work de Carol Loomis, este descris ca fiind motivat de distracție, nu de a câștiga bani. Și am avut mulți clienți care au părăsit locurile de muncă pentru ceva ce le place cu adevărat și, atunci când o fac, câștigă de trei sau patru ori suma pe care o făceau înainte.

Când corpul tău îți spune ce vrea și o faci, ceea ce apare în viața ta devine mai ușor și plin de distracție. Ascultând ceea ce este potrivit pentru tine și aducând asta mai departe, conspiri cu universul pentru a-ți face viața mai ușoară – totul pentru că faci ceea ce este distractiv pentru tine.

În schimb, dacă ceva nu funcționează pentru tine, îl elimini din realitatea ta. Acest lucru nu înseamnă să nu vă plătiți facturile, ci să găsiți un alt mod, mai distractiv și mai vesel, de a avea grijă de lucruri.

De exemplu, am facturile pe un plan de plată automat cu banca mea, deoarece nu este distractiv pentru mine să petrec timp să-mi dau seama în fiecare lună. Știind că se ocupă în fiecare zi, în fiecare lună – asta e distractiv pentru mine și când am creat dincolo de plăți, o compensez. Îmi place să nu-mi fac niciodată griji că întârzii cu nimic; nu acolo vreau să-mi pun atenția. Prefer să-l pun pe crearea unei noi posibilități și, dacă asta e ceva dincolo de ceea ce am în prezent, știu că am libertatea de a alege să merg şi să creez bani în plus pentru asta.

PODUL CĂTRE TREZIREA LA VIAŢĂ

În calitate de catalizator al mişcării Live Your ROAR, ţinta este eradicarea tuturor formelor de abuz de pe această planetă prin două metode generale: identificarea cuştii invizibile a abuzului şi direcţionarea oamenilor să treacă "bridge" către o viaţă radicală.

Amintiţi-vă, Cheful de Viaţă Radical este alcătuit din cele patru componente, sau "4 C's": Alegerea pentru tine, Angajamentul faţă de tine, Colaborarea şi cunoaşterea faptului că universul conspiră pentru a te binecuvânta şi Crearea vieţii pe care ţi-o doreşti. Cheful de Viaţă Radical este distractiv!

Traversezi acest pod când intri în spiritul jocului şi alegi ce este distractiv pentru tine. Întregul scop în energia jocului este să te pui pe primul loc.

Dacă nu eşti obişnuit să faci asta, atunci ideea de a alege pentru tine va fi o perspectivă radical nouă. Cu siguranţă, oamenii care au fost abuzaţi sunt cei mai derutaţi de această noţiune pentru că îi pun pe toţi ceilalţi pe primul loc — pe care nu există.

Joacă acte pentru a-ţi revendica libertatea de exprimare.

Dincolo de intenţii şi obiective, învăţarea de a alege pentru tine din energia jocului te va deschide către posibilitate în fiecare moment şi te va readuce în comuniune cu toată viaţa la un nivel cu totul nou de uşurinţă, bucurie şi glorie.

În capitolul următor, vă voi prezenta energia spiritului şi cunoaşterea — a unei părţi intrinseci, inconştiente a tuturor copiilor care, abuzați sau nu, tinde să fie lăsați și lăsați în urmă pe drumul către maturitate.

Pentru că, după cum veți vedea, cu cât vă împrieteniți mai mult cu această energie înnascută și o folosiți, cu atât este mai ușor să intrați în spiritul jocului.

CAPITOLUL 8
CHIPUL DIN LUNĂ

*Am sfârșit prin a mă îndrăgosti de lună pentru că vine fidelă seară
de seară.*

— *NECUNOSCUT*

Camera mea a fost sanctuarul meu în copilărie, crescând într-o gospodărie extrem de violentă și abuzivă. Era singurul loc în care puteam scăpa de toată nebunia din casa mea. Era o fereastră mică lângă patul meu și, în fiecare noapte, când ieșea luna, mă puneam în genunchi și mă uitam la ea ore întregi, bucurându-mă de fața frumoasă privind înapoi la mine, simțindu-i energia zâmbitoare, anunțându-mă că totul era în regulă.

Într-o noapte, după unul dintre lungile mele dialoguri cu luna, îmi amintesc că m-am întors și am văzut că întreaga mea cameră se transformase în toate culorile curcubeului cu zâne și îngeri, ceea ce acum știu ca zei și zeițe, entități și divinități, dansând într-o petrecere sălbatică, lumina roz a compasiunii, lumina albastră a creativității, toate acolo pentru ca eu să le experimentez.

Am început să petrec timp în acea lume specială a energiilor magice și am primit tot felul de descărcări despre ce să fiu conștientă, darurile pe care le posedam și cât de specială și diferită urma să fiu în această viață. Aceste creaturi de altă lume mi-au devenit prieteni și colegi de joacă, iar în unele nopți abia așteptam să merg în camera mea. Întotdeauna am știut că altceva era disponibil, așa că nu mi-a fost frică de acest tărâm și avea mai mult sens pentru mine decât realitatea mea actuală, deși a sfidat timpul și spațiul obișnuit.

Mi-am dat seama că altceva era posibil și că nici una din nebunii nu mă putea afecta când eram în acea energie. Atunci am știut că munca vieții mele era să unesc lumea spiritelor cu lumea fizică și să exploatez energia ATP a creației. ATP (adenozin trifosfat), sau energia spirituală, așa cum o numesc eu, ne oferă energia tuturor și se află în fiecare celulă a corpului nostru... inclusiv cea a universului și a pământului pe care trăim.

ENERGIA SPIRITULUI ȘI A CUNOAȘTERII

Care este această energie la care putem apela cu toții și cu care putem comunica? Ce este acest spirit care se mișcă prin toate lucrurile...care creează toate lucrurile?

Astăzi, când mă gândesc la spirit, nu mă gândesc la zâne sau îngeri sau entități. În schimb, mă gândesc la ceva cu care Amma (un vindecător spiritual cu care am petrecut 15 ani ca parte a unei comunități spirituale) ar spune — că energia copilărească din adâncul nostru este Dumnezeu.

Pentru mine, energia spiritului este ca molecula ATP (adenozin trifosfat), care alimentează fiecare celulă din corpul nostru și este literalmente numită moneda energetică a vieții. Este energia spirituală care se află în corpurile noastre și ceea ce suntem cu toții.

A fost o perioadă în viața mea când eram cu adevărat nefericită, beam mult, deprimată și neîndurată și nimic nu mergea. M-am simțit groaznic și foarte singură înăuntru, ca și cum totul se petrecea în jurul meu și nu eram conectată la nimic.

Într-o noapte am băut și am decis să termin. Nu a fost premeditat, dar când am văzut un autobuz apropiindu-se, am coborât de pe bordură pentru a sta chiar în fața lui și am simțit că ceva mă apucă de umeri și mă trage înapoi. Eram în stare de șoc. M-am uitat în jur și nu era nimic sau nimeni acolo, și atunci am știut că cineva sau ceva mă sprijină. A fost apelul de trezire de care aveam atât de mare nevoie pentru a-mi aminti că există ceva dincolo de această realitate și este conectat la mine și trebuia să aflu mai multe despre asta. Și au fost de atâtea ori când m-am simțit îmbrățișată în călătoria mea și ghidată acolo unde sunt acum.

După ce am devenit psihoterapeut și mi-am început afacerea, m-am îmbolnăvit de o boală care pune viața în pericol și, pentru a mă vindeca, am început să folosesc Theta Healing®. Mi-a schimbat complet practica. Theta Healing este o tehnică de vindecare holistică care combină vindecarea spirituală, fizică și emoțională. Se bazează pe premisa că puteți accesa o stare profundă de relaxare și conștiință, cunoscută sub numele de starea undelor cerebrale theta, pentru a vă conecta cu energia creativă a universului și a facilita vindecarea. Această tehnică a fost dezvoltată de Vianna Stibal, un naturopat și cititor intuitiv.

Cu această tehnică, chiar trebuie să lucrezi la cunoașterea spiritului. În fiecare zi, stăteam pe scaunul meu de birou cu clienții și, așa cum spune Sheryl Sandberg, COO al Facebook şi autoarea best seller-ului, Lean In, "Apleacă-te" pentru a asculta energia spiritului, energia cunoaşterii.

Veneam cu informaţii pe care nu aveam de unde să le cunosc, iar clienţii mei mă priveau adesea oarecum şocaţi. Ei ar întreba, "De unde ştiai asta? Cum ai putut să ştii asta? De unde ai luat informaţia aia? Nu ţi-am spus asta." Şi a trebuit să fiu afectivă cu cunoaşterea mea pentru a nu-i copleşi cu ceea ce am putut să exploatez prin energia spiritului.

La acel moment, aş folosi instrumente precum testarea musculară şi, mai târziu, în Access Consciousness®, 'light şi heavy' pentru a-mi ajuta clienţii să-şi simtă propria cunoaştere prin corpul lor şi pentru a le împuternici să ştie ceea ce ştiu. Mi-a devenit foarte clar că sunt un canal, o trestie goală (totul vine prin mine şi este pentru tine fără judecată sau punct de vedere), pentru oamenii care au intrat în biroul meu din cauza conexiunii cu aceste alte tărâmuri, realităţi şi energii.

Şi chiar înainte de Theta Healing®, am avut întotdeauna sentimentul că există o altă parte din mine care se conectează cu oameni care era unică şi neobişnuită. Eu o ştiam şi clienţii mei o ştiau. Ei ar spune lucruri precum: "Eşti un consilier diferit decât am avut vreodată. Faci asta altfel. Nu m-am simţit niciodată aşa înainte."

Cred că am această capacitate datorită conştientizării mele cu privire la energia feţei 'din lună, a conştientizării mele cu privire la energia care se mişcă în toate lucrurile, inclusiv în sistemele noastre de credinţe, şi a conştientizării mele că organele din corpul nostru stochează acele credinţe, care la rândul lor formează corpurile noastre şi toate realităţile noastre. De asemenea, cred că aceste realităţi pot fi schimbate, transformate şi vindecate prin colaborarea cu conştientizarea a ceva dincolo de această realitate.

A fi conștient în acest fel înseamnă a colabora cu pământul și a colabora cu moleculele inerente pământului, care nu sunt diferite de moleculele corpului nostru care dețin ATP, puterea corpului nostru.

Datorită acestei experiențe timpurii cu spiritul de energie și cunoaștere și informațiile pe care le-am primit, am simțit întotdeauna că munca mea în lume a fost să unesc aceste două lumi, spiritul cu fizicul. Probabil că nu este întâmplător că sunt Săgetător, reprezentat de Arcaș și descris atât ca un arcaș uman care trage spre cer, cât și ca un cal împământat pe pământ. Sunt acea punte pentru oameni între realitatea noastră actuală și ceea ce altceva este posibil în alte tărâmuri.

Cu orice client cu care lucrez, inclusiv eu, caut părțile din noi care s-au fragmentat, blocându-ne capacitatea de a ne accesa propria cunoaștere și energia spiritului. Poate însemna să te întorci la o vârstă foarte fragedă și să te întorci acolo unde sunt încă blocați într-o scenă la orice vârstă a avut loc acea scenă. Îi ajut să se uite direct în ochiul copilului lor interior pentru a obține informații despre orice îi ține blocați și tăiați de ei înșiși și să exploreze emoția care există — frica, furia, rușinea — și apoi să o recunoască cu adultul ei.

Totul se face ochi în ochi.

Odată ce au spus tot ce trebuie spus în acel moment, le rog mereu, ca adult, să întindă mâna către copil. Uneori o vor lua și alteori nu, dar în cele din urmă, o lucrăm astfel încât copilul să o facă, fie în acea sesiune, fie în alta. De obicei copilul va întreba, "Pot avea încredere în tine?" În esență, trebuie să "să întâlnească adultul. Pentru mine, aceasta este ca și cum ne-am întâlni propria energie a spiritului sau aliatul interior. Aceasta este adevărata comuniune a spiritului.

Când se întorc din această scenă, există de obicei o scară rulantă curcubeu care poartă atât copilul în scenă, cât și adultul înapoi la biroul în care ne aflăm, sau grupul, și integrăm acel copil în acum. Nu eșuează niciodată faptul că adultul spune că această experiență i-a schimbat fundamental. Nu mai sunt declanșați de lucruri care obișnuiau să-i deranjeze, așa cum demonstrează acest fragment dintr-o mărturie pe care am primit-o de la unul dintre clienții mei:

Am încercat atât de multe lucruri pentru a schimba toate aspectele din viața mea care nu au funcționat. Am fost atât de incredibil de frustrat și adesea aproape de a renunța, luând clasă după clasă, folosind instrumente care mi-au fost date, știind că ar trebui să lucreze la fel de dinamic pe cât par să lucreze cu alți oameni, dar fără să știu de ce nu au lucrat pentru mine. Am lucrat cu mulți, mulți facilitatori, dintre care unii au reușit să mă ajute până la limita de a analiza trauma și abuzul, doar pentru a fi lăsat atârnat odată ce ușa abuzului a fost deschisă, deoarece facilitatorul chiar nu știa ce era necesar odată ce acea ușă a fost deschisă. Acest lucru a fost groaznic pentru mine și a durat mult până să fiu dispus să încerc din nou...

Când am părăsit cursul pentru a merge acasă, am observat că, în loc de respirația superficială cu care am trăit toată viața, respirația mea a ajuns până în corpul meu, de parcă aș fi în sfârșit trăind în corpul meu pentru prima dată. Corpul meu se simte total diferit. Ființa mea se simte mai conectată cu corpul meu și totul este mai moale. Sunt atât de recunoscător că ai oferit spațiul; că ți-ai adus toate abilitățile uimitoare pentru a mă ajuta să mă reconectez cu mine însumi. Știu că lucrurile nu vor mai fi niciodată la fel și știu acum că darul care sunt îmi este disponibil în fiecare clipă.

Aceasta este energia spiritului și asta fac. Îi chem pe acești copii pierduți – spiritele fragmentate ale acestor ființe uimitoare – și îi conectez la "inocența copilărească din adâncul nostru, care este Dumnezeu," aducându-i înainte, permițând acestei ființe umane să aibă alegere deplină, putere deplină și capacitate deplină în fiecare moment de a colabora cu totul.

Fără această energie a spiritului și a cunoașterii, simți că ai un manual cu toate părțile și piesele lipsă. Nu poți percepe întregul spirit din cauza separării care a avut loc.

În această lucrare, înainte de a putea ajunge chiar la copil, totuși, trebuie să clarific judecățile, credințele și întruchipările pe care persoana dinaintea mea – adultul – le crede că sunt ele. Când corpul este gol de credințe și judecăți care nu sunt ale lor în primul rând, cum ar fi parents', bunici', sisteme de credințe culturale, jurăminte și/sau obligații, atunci găsesc adesea copii care sunt blocați în scene în care nu știau ce să facă. Un mecanism psihologic compensator intervine atunci când o parte din noi pleacă și o altă parte rămâne blocată în scenă la vârsta de patru ani. Acea parte nu moare și nu părăsește scena, rămâne blocată în bucătărie sau în dormitor sau oriunde a fost scena.

Sunt tot felul de scene în care se poate întâmpla asta. S-ar putea să fi fost pur și simplu o mamă și un tată care țipau unul la altul și unul dintre ei amenință că va pleca. Dar ceea ce aude copilul este: "Doamne, toată siguranța mea este amenințată." Nu se pot descurca cu asta sau să vorbească despre asta, așa că se despart și se ascund în dulapul din dormitorul lor.

Patruzeci de ani mai târziu, sunt în terapie și acea scenă este în centrul problemei.

Din fericire, nu trebuie să rămână blocați, ceea ce face parte din munca mea. Mă duc să recuperez acea parte cu ei după ce eliberăm și recunoaștem orice a fost ceea ce a creat separarea, precum și orice au preluat ei din acea separare care nu este adevărată. Aceasta a fost problema – că nu își creează viața din totalitatea a ceea ce sunt cu adevărat. O fac dintr-o parte din ei creată în traumă și în șoc.

Când aducem acea altă parte înapoi, ei simt ceea ce a simţit clientul meu – că totul s-a schimbat şi nimic nu va mai fi la fel. Ei au acum o conexiune cu propriul spirit, energie şi fiinţă infinită, ceea ce este fenomenal şi magic, şi sunt plini de posibilităţi şi alegere deplină, indiferent cât de rău devine. Nu mai este un univers fără alegere.

Există o altă posibilitate.

Cum ne conectăm la integralitatea spiritului?

CONECTÂNDU-NE LA ÎNTREG

Energia spiritului este acea parte pe care o numim cu multe nume – Dumnezeu sau univers, cunoaşterea infinită, nu contează – este ceea ce percepem ca ceva distinct care ne dăruieşte şi lucrează în colaborare cu noi. Energia cunoaşterii este internă; este capacitatea noastră de a primi intuiţia; perceperea, cunoaşterea şi fiinţa noastră.

Pentru a deveni mai conştienţi de aceste energii, există practici sau idei în afara terapiei sau claselor – paşi pe care îi poţi face la nivel personal pentru a te conecta cu totalitatea ta înnăscută:

MERGI IN NATURA

Unul dintre lucrurile care m-au susţinut în timp ce îmi exploram calea către spirit a fost participarea mea la sport. Când jucam fotbal, făceam drumeţii, mergeam cu bicicleta şi alergam pe vârful unui munte, mă simţeam puternică, agilă şi liberă în corpul meu, ştiind că pot face orice. Nu existau limite pentru agilitatea şi capacitatea mea de a comunica cu corpul meu şi cu pământul. Am simţit o pace reîmprospătantă după ce am fost activă, "Totul este în regulă."

Când te afli în acea energie a spațiului, orice este posibil și te poți extinde cu universul și poți fi una cu toate moleculele. Practic, este vorba de a avea recunoștință pentru pământ ieșind cumva pe pământ.

Deci, haide...îmbrățișează un copac. Faceți o plimbare de meditație desculță. Pune-ți corpul și fiind mai aproape de pământ și inspiră.

Bunica mea iubită - Arta de a primi

Bunica mea a deschis spațiu în lumea mea pentru a primi energia de a fi eu mai complet.

Când eram mic copil, singura persoană cu care mă simțeam bine era bunica mea. Obișnuiam să o duc pe bunica la biserică în fiecare zi când stăteam cu ea, iar ea recita rugăciunile în strana bisericii.

Într-o zi, ea a recitat, "Într-o zi sufletul meu și cu mine vom fi vindecați." Acum, cartea de rugăciuni de fapt nu spunea "soul,", dar ea a adăugat-o, iar când am auzit cuvântul "soul," m-am uitat imediat la ea și am auzit un țiuit în urechi de genul: "Care este sufletul?"

Privind în urmă, îmi dau seama că întreaga mea viață a fost într-o căutare a sufletului și a spiritului, care a fost deschisă pentru prima dată de acele experiențe introductive cu luna demult.

Ascultând cântările, rugăciunile și psalmii iar și iar, în timp ce stăteam la picioarele bunicii mele și urmăream venele de pe mâini, iar și iar, mă simțeam atât de mângâiată de repetarea cuvintelor ei. Prin religia ei, am deschis conștientizarea mea, percepția mea, cunoașterea mea și asta mi-a oferit luxul de a fi. Cu toții avem nevoie de cel puțin o persoană, pe lângă noi înșine, care să ne reflecte cumva strălucirea care suntem. Acele momente ne infuzează cunoașterea dincolo de această realitate. De acolo, alegem comuniunea intrinsec.

ÎNTREABĂ

Dacă vă amintiți, în capitolul doi, am vorbit despre importanța de a pune întrebări ca o modalitate de a colabora cu Universul. A întreba și a fi în întrebare este o parte inerentă a conectării cu cunoașterea ta. Poate fi la fel de simplu ca să ceri urmatorul pas din viața ta sau ceea ce iti doresti cu adevarat.

Ceva pe care l-am găsit funcționează în propria mea viață pentru a mă conecta cu energia spiritului și a cunoașterii este să mă concentrez pe care este ținta mea punând o serie de întrebări și fraze. De fapt, îl cânt într-un cântec în fiecare dimineață începând:

- •Cine sunt eu astăzi?
- •Univers, arată-mi ceva frumos astăzi.
- •Ce energie, spațiu și conștiință pot crea astăzi?
- •Ce contribuție din spirit/cunoaștere pot fi și primi astăzi?
- •Cine aș vrea să fiu?

De asemenea, adaug ceva distractiv, cum ar fi, "Ce pot face sau fi astăzi, care va crea mai multă joacă, distracție și bucurie imediat?"

Uneori îmi întreb afacerile lucruri de genul:

- •De ce mi-ar fi nevoie pentru a invita contribuția în viața mea?
- •Ce cere afacerea mea de la mine?

- •Ce ar dori să facă astăzi?
- •Cu cine trebuie să vorbesc astăzi?

Pentru sănătatea mea aș putea întreba:

- •Cum ar dori corpul meu să se miște astăzi?
- •Cum ar dori corpul meu să mănânce astăzi, care mă umple de energie și ușurință?

ESTE OK SĂ RENUNȚI

Uneori trebuie să renunți la ceva care nu funcționează și să spui: "Bine, cedez la ceea ce mă depășește cu mult." Într-un fel, întregul proces de creare este o mare eliberare — renunțarea la atașamentul față de ceva ce îți dorești. Așteptarea, decizia, judecata, concluzia și proiecțiile vă pot desconsidera capacitatea de cunoaștere, percepere și primire.

Ceea ce știu că este adevărat este că trăim într-un univers care conspiră să ne binecuvânteze. Indiferent cât de mult abuz am suferit sau cât de mult nu am vrut să trăiesc uneori, energia cunoașterii mele a fost ceea ce m-a ținut să merg și ceea ce m-a ținut să navighez în acele ape întortocheate pentru a ieși pe cealaltă parte și a putea oferi ceva valoros pentru a ajuta atât de mulți alții.

Mulți oameni sunt pierduți în această realitate și caută terapie, meditație sau comunități spirituale pentru a se conecta cu toată energia pe care am văzut-o atât de clar la vârsta de șapte ani. Am făcut și acele lucruri într-un efort de a vindeca și de a conecta mai profund.

Deci, iată ce mă întreb...

Este o întrebare, un apel la acțiune, dacă vrei.

Dacă vă puteți extinde energia pentru a include lucrul cu spiritul pământului, Universul și propria voastră cunoaștere pentru a colabora cu toți, ce altceva putem crea împreună, astfel încât să fim energia spiritului în orice moment, în toate locurile, în orice situație, indiferent dacă ne simțim complet sprijiniți sau nu?

Și ce ar fi nevoie pentru energia spiritului din adâncul interiorului tu să apari și să fii catalizatorul în viața ta deocamdată și pentru totdeauna? La urma urmei, lumea te așteaptă.

În capitolul următor, voi împărtăși câțiva pași, împreună cu câteva sfaturi simple, dar puternice, pe care le puteți pune în practică astăzi în sprijinul experimentării adevăratei fericiri în propria viață. Am împărtășit acești pași cu mii de clienți ai mei.

Crede-mă, ele funcționează.

CAPITOLUL 9

CHEIA FERICIRII SE AFLA
ÎN TINE

Poți fugi, fugi, fugi de multe lucruri în viață, dar nu poți fugi de tine. Și cheia fericirii este să înțelegi și să accepți cine ești.

— *DALE ARCHER*

Au fost mulți pași pe care i-am făcut după acea zi fatidică de facultate când profesoara mea m-a contactat. Nu e ca și cum fericirea mi-a venit peste noapte. După cum am împărtășit, a trebuit să depășesc două decenii de abuz, astfel încât să pot spune sincer că sunt cu adevărat fericit. Mă simt vesel, ușor și liber.

Și poți, de asemenea.

Indiferent dacă te-ai luptat sau nu cu abuzul, sunt șanse ca, dacă citești această carte, să existe ceva în viața ta care se simte ca o capcană, o cușcă, într-un fel în care te simți blocat de posibilitatea fericirii. Vestea bună este că cheia acestei cuști se află în interiorul tău și te pot ajuta să o găsești și să o folosești.

PASUL 1: RECUNOAŞTE-ŢI NEFERICIREA: BUCURIA ESTE A TE VEDEA PE TINE ÎN TOTALITATE.

Ignorarea nefericirii nu o face să dispară. De fapt, ignorarea acestuia asigură că va rămâne mult mai mult decât doriţi. Este ca un invitat supărător la o petrecere: ignoră-l şi va crea un zgomot!

S-ar putea să negi că eşti nefericit pentru că eşti jenat sau chiar ruşinat să recunoşti altora cât de nefericit eşti. Nu eşti singur în asta. Am fost îngrozită să-mi recunosc nefericirea faţă de ceilalţi.

Cu toate acestea, când îţi negi nefericirea, îţi spui că nu contezi. Aceasta este de fapt o formă de neglijare şi abuz. Imagineaza-ti aceasta parte din tine care se simte atat de nefericita fiind lasata singura intr-un dulap, in intuneric. Ai face asta unui copil mic? Atunci nu-ţi face asta. Când îţi recunoşti nefericirea, îţi preţuieşti experienţa; te preţuieşti pe tine însuţi. Te anunţi, "Hei, contează." Acest lucru deschide un tărâm cu totul nou de posibilităţi pentru ceea ce poţi fi sau face de aici.

Acest lucru vă ajută, de asemenea, să începeţi să construiţi o punte între mintea şi corpul vostru. În loc să lăsaţi acea parte nefericită din voi în urmă într-un dulap, toţi sunteţi logodiţi şi disponibili. Acest lucru te pregăteşte pentru succes..

PASUL 2: ALEGE FERICIREA: FERICIREA ÎNSEAMNĂ SĂ ALEGI DOAR DE DISTRACŢIE.

La 20 de ani, nu credeam că viaţa se va îmbunătăţi vreodată. Nu credeam că voi fi vreodată fericit. Credeam că fericirea e disponibilă doar pentru alţii. Când am absolvit facultatea, știam că nu mă pot întoarce în casa în care am crescut. Știam că asta mă va ucide, dar nu eram sigur ce vreau să fac.

Inspirat de profesorul meu de facultate, am decis să mă mut în Arizona și să lucrez la un adăpost de criză pentru tineri. Am ales să fiu într-un mediu în care știam că pot face diferența. Prin intermediul adăpostului, am lucrat cu Serviciile de Protecție a Copilului pentru a oferi locuințe sigure, educație și masă copiilor care au fost îndepărtați din casele violente. Am ajuns să-i consiliez și pe acești copii. Am vrut ca fiecare copil să știe că este în siguranță, iubit și îngrijit. Am vrut ca ei să poată să-și pună capul pe pernă noaptea fără griji sau temeri.

Ajutându-i pe acești copii mi-a dat fericire.

Cum eram un aliat pentru ei, am devenit un aliat pentru mine. Pe măsură ce mi-am oferit dragostea și grija pe care nu le-am avut niciodată când am crescut, am descoperit că pot face alegeri diferite pentru mine.

Toate acele moduri dureroase pe care le trăisem și le relatam anterior s-au estompat încet, așa cum am ales diferit. De exemplu, mai degrabă decât să încerc să scap bând sau pufnind, aș putea alege activități care să se simtă bine. Am făcut alegeri în funcție de ceea ce îmi doream acum să fiu și să fac, nu de ceea ce făcusem.

Chiar aș putea alege fericirea.

Ai de ales, de asemenea. În același mod, poți alege fericirea aducând în viața ta ceva distractiv, care te luminează și îți aduce fericire.

Ce-i asta pentru tine? Un hobby? Mergi la sală? Să urmezi un curs de dans? Voluntariat? Care este lucrul din mintea ta care nu are sens să-l faci, totuși știi că ți-ar aduce fericire? Poate fi ceva ce ai făcut în copilărie sau poate fi ceva ce nu ai mai făcut până acum sau ți-ai imaginat că vei face. Orice ar fi, ar putea fi poarta spre fericirea ta.

Alege-l.

Alege fericirea.

PASUL 3: ELIBEREAZĂ DEPENDENȚA DE NEFERICIRE: FERICIREA ÎNSEAMNĂ SĂ PERMIȚI UȘURINȚĂ.

Din păcate, o mulțime de oameni sunt dependenți de nefericire. Sună nebunesc, nu? De ce ar alege cineva nefericirea? Ei bine, după cum se dovedește, pot exista multe motivații:

- •Este familiar.
- •Este o modalitate de a atrage atenția.
- •Este o modalitate de a vă conecta (plângerea de ceea ce nu funcționează în viață este un mod în care această societate formează relații).

Când lucrurile nu funcționează, oamenii te scot la cafea; te duc la cumpărături; sau sugerează o zi de spa.

Cu toate acestea, când lucrurile merg foarte bine, unii oameni se supără pe tine sau se întreabă pe ce drog iei. Nu sunt chemați să te susțină sau să te scoată. De fapt, alții de multe ori nu știu cum să se relaționeze cu bucuria și succesul cuiva.

Nefericirea a devenit un obicei. Pesimismul pătrunde. Viețile noastre sunt alimentate de lupta a ceea ce nu funcționează. Totuși, ce se întâmplă dacă nu ai avea nevoie să te lupți pentru a ieși din nefericire?

Dependențele sunt neliniștite. Fericirea este ușurință.

Persoanele cu dependențe de alcool se luptă să-și elibereze obiceiul. În cele din urmă, pentru a renunța cu adevărat la strânsoarea sticlei, au nevoie de sprijin.

În mod similar, nefericirea este și o dependență. Pentru a vă elibera de această boală, nu vă mai gândiți că puteți face totul pe cont propriu. Fii dispus să ceri sprijin.

PASUL 4: PRIMEȘTE SUSȚINERE ȘI ÎMPĂRTĂȘEȘTE POVESTEA: FERICIREA ESTE SĂ TE PRIVEȘTI PE TINE CA ȘI DAR.

Am încercat să-mi depășesc singur trauma și nefericirea, dar asta nu m-a dus nicăieri. M-am orientat spre băutură și droguri pentru a amorți o vreme pentru că nu suportam durerea în care mă aflam.

În sfârșit a trebuit să recunosc în sinea mea că am nevoie de sprijin, așa că am citit fiecare carte de auto-ajutor pe care am putut-o găsi. Mi-au oferit perspective despre vindecare și fericire, dar nu au fost suficiente.

Profesorul meu de la facultate a fost cel care a oferit sprijinul de care aveam nevoie, oferindu-mi un loc sigur pentru a-mi împărtăși povestea. Până în acest moment, toate secretele și grijile mele fuseseră închise în corpul meu, neglijate și abandonate.

Cum poți experimenta adevărata fericire cu părți din tine închise?

Pentru a nu mai alege nefericirea și a începe să alegi fericirea, trebuie să te adâncești în rădăcina nefericirii tale. Acest lucru necesită să te uiți la evenimente, situații și relații din trecutul tău care îți afectează prezentul.

Greutatea nefericirii tale este ridicată atunci când ai ochii și urechile unui profesionist, fie că este vorba de terapeut, medic sau alt practician. Împărtășirea poveștii tale în acest fel începe să te deblocheze din cușca nefericirii.

Când faci asta, treci de la înrobire la libertate, de la limitare la posibilitate. Nu poți crea un nou prezent și viitor până când nu te confrunți cu trecutul care te-a condus acolo unde ești. Trebuie să vă împărtășiți povestea, să învățați din ea și să descoperiți cum puteți crea una nouă.

Odată ce obțineți sprijinul unui consilier de încredere, veți simți un sentiment profund de ușurare că nu mai trebuie să vă luptați singur.

PASUL 5: ÎNVAȚĂ SĂ TE ASCULȚI: FERICIREA ÎNSEAMNĂ SĂ FII TĂCUT, SĂ ASCULȚI ȘI SĂ FACI EXACT CEEA CE AUZI.

Poate părea ciudat că mai întâi vă încurajez să obțineți sprijin și apoi vă spun să vă ascultați propriile îndrumări, dar ambele sunt importante. Lucrul cu un terapeut vă ajută să vă îndepărtați o mare parte din 'static' interior, astfel încât să vă puteți conecta și să vă ascultați propria îndrumare interioară. În cele din urmă, îndrumarea ta interioară este de fapt cheia fericirii tale.

Mulți oameni fac greșeala de a crede că vor fi fericiți atunci când au BMW, slujba corporativă, căsătoria cu persoana potrivită, "gardul cu pichet alb și 2,5 copii.

Dar iată adevărul...

Crearea unei vieți bazate pe ceea ce crezi că ar trebui să ai sau pe baza a ceea ce au alții este biletul către nefericire. Te determină să iei decizii din exterior spre interior, mai degrabă decât din interior spre exterior.

Când îți faci timp să te acorzi vocii tale interioare și să permiți acelei înțelepciuni să-ți ghideze deciziile, începi să faci alegeri diferite. De asemenea, începi să creezi o nouă relație cu tine, bazată pe încredere și respect. Acest lucru merge mult în cultivarea fericirii pentru tine și cu ceilalți.

Poate fi chiar înfricoșător să te gândești să ieși din cutia așteptărilor și să intri în lumea fericirii, pentru că poate fi înrădăcinat în tine de mediul tău că orice altceva ar fi un 'eșec.' Ei au asociat anumite lucruri cu ideea de succes și, pentru a fi ideea lor de succes, arzi uleiul de la miezul nopții doar pentru a ajunge să te simți gol. Aici trebuie să eliminați din nou aceste cerințe externe și să fiți voi înșivă o cerere, așa cum am discutat în al treilea capitol.

Cel mai probabil ți-ai petrecut cea mai mare parte a vieții ascultând voci ale altora, așa că poate dura ceva timp pentru a te acorda și a-ți asculta propria voce interioară.

Următoarea este o practică pe care o puteți face zilnic pentru a vă întări capacitatea de a vă auzi vocea interioară:

Setați un cronometru pentru (cel puțin) 5 minute.

Pune-ți aceste întrebări:

Ce vreau?

Ce experiență caut?

Ce voi face pentru a crea asta?

. . .

Ascultați și notați răspunsurile fiecăruia. (Nu încercați să vă dați seama de răspunsurile, lăsați-vă să scrieți într-un mod de flux de conștiință fără a edita sau opri.)

Când asculți și acționezi după îndrumarea ta interioară, trăiești din interior spre exterior.

Acesta este biletul tău către adevărata fericire.

Pasul 6: Smulge Buruienile Și Plantează Noi Semințe
Fericirea înseamnă să îți permiți să plantezi propria grădină.

Pentru a fi direct, dacă vrei să fii fericit, trebuie să fii dispus să pui la îndoială totul în viața ta. Trebuie să fii dispus să schimbi orice nu contribuie la alegerea ta de a fi fericit.

A fi fericit este un " job interior." Cu toate acestea, oamenii, evenimentele și situațiile cu care te înconjori fie adaugă, fie diminuează fericirea ta.

Cât de dispus ești să recunoști că ceva ce faci de "X" de ani nu mai îndeplinește – și cât de des eviți să-l schimbi?

Nu poți fi fericit fără să scoți din buruienile care ți-au înfundat viața, așa că odată ce ai recunoscut că ceva nu funcționează pentru tine:

Mulțumesc pentru tot ce ți-a oferit.

Eliberează-l cu dragoste și recunoștință, fără conflicte.

Acum că ai scos buruienile, există spațiu pentru plantarea de noi semințe. Poți să întrebi, "Ce mă va face fericit?"

Tot ce ai făcut pentru acești pași te va sprijini să plantezi noi semințe de fericire. Și la fel ca orice grădinar își îngrijește plantele în mod regulat, și tu trebuie să cultivi în mod regulat grădina vieții tale plivind și îngrijind noile semințe pe care le plantezi.

PASUL 7: DEZLĂNȚUIE-ȚI MINUNĂȚIA: FERICIREA ESTE A PAȘI ÎN NECUNOSCUT ȘI A ȘTI CĂ PLASA DE SIGURANȚĂ VA APĂREA.

Acum devine foarte bun – chiar mai bine decât bine. Devine minunat!

Pe măsură ce faceți pașii de la 1 la 6, începeți să vă creați o viață dincolo de toate punctele de referință familiare. Nu mai există limitări la ceea ce poți fi sau face. Devii creatorul tuturor posibilităților noi.

Acesta este momentul în care "Dezlănțuie-ți Grozăvia" și săriți în mai multă fericire decât ați crezut vreodată că este posibil.

Și aici devine dificil...

S-ar putea să începi să te îndoiești și să te întrebi, "Pot să am cu adevărat toate astea?" (Vă amintiți Pasul 3 și dependența de nefericire?) Sau s-ar putea să-ți fie frică să faci saltul.

"Va exista o plasă?"

"Voi cădea plat pe față?"

Când se întâmplă acest lucru, depinde de tine să alegi din nou.

"Aleg să cred că Universul este împotriva mea sau mă susține?" Cred în aer chiar dacă nu-l văd. Nu este tangibil și nu pot să-l țin în

mână, dar nu pot trăi fără el. La fel faci și tu saltul, știind că Universul are spatele tău și va apărea o plasă.

Când o faci, vei fi catapultat în viața visurilor tale. Și semințele pe care le-ai plantat vor înflori în mai multe posibilități și pentru tine.

Rețineți că nu puteți face acest salt până când nu recunoașteți că sunteți nefericit, alegeți fericirea, eliberați-vă dependența de nefericire, obțineți sprijin, ascultați, ierbiți și plantați semințe noi.

Acum ești gata să te dezlănțui.

La fel ca drumul din cărămidă aurie, acești pași sunt o rețetă solidă pentru fericire. Adevărata întrebare este, vei alege?

Fericirea este dreptul tău divin din naștere.

CAPITOLUL 10

CUM ESTE SĂ FII RADICAL DE VIE

"Frica noastră cea mai profundă nu este că suntem inadecvați. Frica noastră cea mai profundă este că suntem puternici peste măsură. Lumina noastră, nu întunericul nostru este cea care sperie cel mai mult noi. Ne întrebăm, Cine sunt EU să fiu genial, superb, talentat, fabulos?

De fapt, cine nu trebuie să fii?"

— MARIANNE WILLIAMSON

În acest capitol, permiteți-mi să aprofundez puțin aspectele diferite, dar vitale ale vieții voastre, pentru a vă descoperi limitările și pentru a vă ajuta să deveniți versiunea radical vie a voastră. Vezi, toți trecem prin probleme în viață și totuși, unii dintre noi trebuie să sufere mai mult în ceea ce privește cauzele și consecințele problemelor noastre. Cu toate acestea, ceea ce ar fi nedrept pentru oricare dintre noi ar fi să rămână blocat în cușca ta invizibilă.

Cu toții merităm să fim radical și orgasmici de vii în viața noastră financiară, personală și romantică.

Ultimele nouă capitole au acoperit modul în care poți fi radical viu în propria ta minte, corp și spirit. În acest capitol, voi merge cu tine încă o milă utilă pentru a te ajuta să devii fidel financiar, romantic și social cu tine însuți.

Acum, înainte de a merge mai departe, aș dori să vă pun o întrebare: ați trăit cu limitări și pur și simplu nu v-ați simțit suficient de împuterniciți pentru a vă schimba?

Desigur, cu toții vrem să spunem nu, dar când ne instalăm în ceva și îl auzim cu adevărat, aș putea spune da la asta. Există câteva moduri prin care încă mă trezesc că intru în limitări și nu mă simt împuternicit să mă schimb, mai ales dacă am văzut ceva persistând de zeci de ani. Dar, da, există o soluție la asta.

Din fericire pentru tine, acolo intru eu. Sunt în afacerea de a face aceste limitări să dispară și acesta nu este doar scopul meu pentru tine, ci și pentru mine. Am dezvoltat Metoda Roar, pe care o folosesc în fiecare zi din viața mea și cu clienții mei.

Metoda ROAR și-a avut originile pe un drum lateral din California de Nord, unde am oprit la începutul anilor '20, după o despărțire amiabilă. Mi-am dat seama că eram într-o dispoziție urâtă și am atribuit-o inițial despărțirii, dar nu a fost doar atât. M-a condus printr-o serie de întrebări, care au devenit ulterior Metoda ROAR.

Această metodă implică adresarea unui set de întrebări, în jur de cinci sau șase, care vă ajută să identificați declanșatorul prezent și să îl conectați înapoi la declanșatorul original din trecut. Apoi faci munca în trecut, tragi buruiana și aduci înapoi lecția, formând noi obiceiuri și moduri de a fi.

Acum, când te confrunți cu aceste întrebări și cauți soluții la problemele din viața ta, poți să-mi păstrezi în minte cunoștințele pe care le voi împărtăși acum cu tine. Să începem cu constrângerile tale financiare și să găsim o cale spre a deveni radical vii.

VIE FINANCIAR

Primul pas către libertatea financiară este să recunoști că s-ar putea să fii în cușca invizibilă a abuzului și să îndepărtezi oportunitățile financiare. Dar, ce este abuzul financiar mai exact?

Există diverse modalități de abordare a acestui subiect. Unul dintre cele mai evidente exemple este atunci când vă aflați într-o relație, personală sau de afaceri, o căsătorie sau în cadrul unei companii, în care sunteți co-partener, dar puteți accesa banii doar prin aprobarea celeilalte persoane. Această situație poate fi o formă de abuz financiar.

Un alt scenariu este într-o căsătorie sau parteneriat, în care o persoană controlează toate problemele financiare, iar cealaltă nu are niciun cuvânt de spus. În mod similar, ați putea fi implicat într-o organizație religioasă sau spirituală în care se așteaptă zeciuiala. Cu toate acestea, distincția constă în faptul că contribuția ar trebui să fie o chestiune de alegere. Dacă sunteți presat, judecat sau tratat diferit în funcție de contribuțiile dvs. financiare, este posibil să vă confruntați cu abuz financiar.

Am lucrat cu multe persoane care au fost implicate în organizații profesionale, spirituale sau religioase în care s-au confruntat cu ostracizarea sau li s-au oferit anumite privilegii pe baza contribuțiilor lor financiare. Acest lucru creează o discrepanță clară între cei care dau și cei care nu.

Recunoașterea abuzului financiar poate fi un proces intuitiv. Corpul tău ar putea răspunde în timp ce auzi despre aceste situații și te face să realizezi: „Am experimentat asta". Abuzul financiar poate implica, de asemenea, o persoană care se ocupă de chestiunile financiare ale unei persoane în vârstă, cum ar fi împuternicirea sau testamentele. S-ar putea manifesta chiar și în disparități la locul de muncă, un gen primind un salariu semnificativ mai mare decât celălalt, în ciuda faptului că deține aceeași funcție. Abuzul financiar ia multe forme și poate afecta oamenii în diferite moduri.

Deci, dacă bănuiți că ați fost victima unui abuz financiar în vreun fel, este esențial să aveți încredere în sentimentul dvs. instinctiv și să recunoașteți încălcarea libertății financiare. Fie că este vorba de un membru al familiei, de un șef, de un profesor sau de un lider religios, aceste situații îți pot lua controlul asupra banilor tăi. Fără a aborda aceste probleme, veți rămâne sub influența lor, repetând aceleași modele și experiențe cu banii. Acest lucru este nesustenabil. În special cu banii, oamenii doresc adesea să se vindece rapid atunci când s-au confruntat cu abuzuri, dar pot rezista recunoașterii abuzului financiar, deoarece le provoacă imaginea de sine.

Cu toate acestea, prosperitatea financiară este dreptul tău din naștere. Starea ta financiară nu este legată de culoarea pielii, de educație sau de alți factori externi. Banii sunt o energie pe care o poți accesa și atrage. Barierele în calea prosperității sunt convingerile limitative și percepțiile negative de sine care decurg din experiențele trecute de abuz financiar.

Pentru a trăi radical viu, trebuie mai întâi să cucerești mentalitatea care te reține. Așadar, iată adevărul despre bani și finanțe: meriți atât cât îți permiți să ai și cât îți dorești. Nu contează care este trecutul tău; banii sunt o energie pe care toată lumea o poate folosi. Cu toate acestea, sistemele noastre de credințe, modelate de experiențe de abuz și neglijare, ne pot reține. Valoarea ta financiară nu are nicio influență asupra valorii tale de sine. Fie că este vorba de genul, educația sau orice alt factor, aveți potențialul de a realiza orice doriți dacă vă puteți elibera de lanțurile abuzului și vă puteți îmbrățișa prosperitatea financiară.

Nu mai permite abuzurilor din trecut să-ți dicteze viitorul financiar. În schimb, confruntă realitatea, aruncă bagajele care nu îți aparțin și începe-ți călătoria către libertatea financiară. Cu onestitate și conștiență de sine, poți începe să manifești bogăția și siguranța pe care o meriți cu adevărat.

Acum că ai o mentalitate sănătoasă, îți voi oferi cinci pași simpli de urmat pentru a scăpa de constrângerile financiare. S-ar putea să nu-ți placă primul, dar este esențial. Începe prin a scrie în jurnal ceea ce urăști la bani. Enumeră 10 până la 15 lucruri care nu îți plac, fie că este vorba de luptă, conflicte, facturi, dobânzi sau orice alte aspecte pe care le consideri provocatoare. În al doilea rând, notează tot ce îți place la bani, cum ar fi libertatea, alegerile și oportunitățile pe care le oferă, fără a te concentra pe anumite mărci.

Odată ce ai făcut asta, treci la pasul trei. Imaginați-vă o viață în care banii nu mai sunt o problemă. Luați în considerare ce ați alege și ce ați avea în viața voastră dacă ați avea toți banii pe care i-ați dorit vreodată, fără să vă mai faceți griji pentru asta. Acest pas poate fi o provocare pentru mulți, deoarece sunt blocați în ciclul de dragoste-ura cu bani.

Pasul patru implică descrierea modului în care s-ar simți să ai toți banii de care ai avut nevoie vreodată fără a mai fi nevoie de ei. Cum s-ar schimba comportamentul tău? Ai merge cu încredere, ai zâmbi mai des și te-ai exprima diferit? Cum ar arăta corpul tău? Ți s-ar schimba garderoba? Gândește-te unde ai locui și cum.

Al cincilea pas este să iei în considerare ce ai vrea să dai înapoi lumii dacă ai avea mai mulți bani decât ai avea nevoie vreodată. Ce fel de contribuții, organizații caritabile sau eforturi ați sprijini? Fie că este vorba de apă curată pentru țările care au nevoie, finanțarea educației, înființarea de organizații nonprofit sau urmărirea unor proiecte creative, notează-ți visele și aspirațiile.

Procesul de a pune aceste gânduri pe hârtie este transformator. Aduce energia dorințelor tale în realitate, oferindu-ți noi alegeri și posibilități. Amintește-ți, este esențial să faci primul pas, One Degree Shift™, din situația dvs. actuală, pe baza a ceea ce ați scris. Mulți oameni tind să rămână blocați în mentalitatea 'Nu am', dar acești cinci pași te pot ajuta să te eliberezi de ea. Îmbrățișează One Degree Shift™ și pornește pe calea ta pentru a face ceea ce credeai cândva că este imposibil, posibil.

VIE ROMANTIC

În relații, veți găsi adesea conflicte care apar din diferite unghiuri și în moduri diferite, chiar și atunci când nu ați avut intenția de a le provoca. Este ca un model recurent care continuă să apară, făcându-te să te întrebi: „Asta am vrut să spun?" Dar încă se manifestă. Această temă recurentă este indiciul tău că ceva mai profund este în joc.

De exemplu, în propria mea viață, a existat o perioadă în care mi-am dat seama că conflictele ies la suprafață în diferite aspecte ale vieții mele și m-am văzut brusc ca numitorul comun. A devenit clar că eram prins într-o cușcă de relații, unde încercările mele de a comunica sau de a mă conecta au fost întâmpinate în mod repetat cu rezistență sau luptă. Este sentimentul că indiferent unde te întorci, ești cumva blocat într-o buclă.

Acest lucru este, de asemenea, comun în relațiile unilaterale. Din păcate, identificarea unei relații unilaterale poate fi destul de exasperantă. Cu toate acestea, este destul de ușor de observat. După ce părăsești o astfel de relație, s-ar putea să te trezești întrebându-te: „De ce am îndurat-o atât de mult timp și ce este în neregulă cu mine?" Adevărul este că nu e nimic în neregulă cu tine. Provocarea este că majoritatea dintre noi nu am fost învățați sau arătați cum să ne angajăm într-o relație de sprijin reciproc, transparentă, reciprocă și contributivă.

De fapt, dacă căutați definiția din dicționar a „relației", veți găsi că este definită ca distanța dintre două obiecte. Mulți oameni își bazează relațiile pe această interpretare, care duce adesea la o dinamică unilaterală – cel puțin după primele trei până la șase luni de fericire.

O relație unilaterală se caracterizează printr-un dezechilibru semnificativ în dăruire și primire. S-ar putea să descoperi că tot ceea ce ceri rămâne neîmplinit sau, mai rău, te confrunți cu judecata, criticile și sentimentul de „a cere prea mult". În astfel de relații, nevoile tale sunt adesea respinse și te simți prins.

Relațiile unilaterale pot implica și iluminarea cu gaz, în care cealaltă persoană te manipulează pentru a te îndoi de propria ta realitate. Ei pot deveni complet absorbiți de sine, având grijă doar de propria lor viață și probleme. Această abordare narcisistă te poate lăsa să faci toate sarcinile grele în timp ce ei doar merg pe coastă, luând fără să dea.

Cu toate acestea, nu te uita la cealaltă persoană pentru a te schimba. Este esențial să vă stabiliți limitele, să vă comunicați nevoile și non-negociabilele, chiar dacă este probabil că acestea nu vor fi îndeplinite. Uneori, enunțarea acestor limite poate trezi partenerul la realitatea situației, determinându-l să facă schimbările necesare. Cheia nu este să critici sau să arăți cu degetul, ci să te împuternicești și să alegi ce se aliniază cu fericirea și bunăstarea ta.

În cele din urmă, nu este vorba de a rămâne sau de a merge; este vorba de a găsi bucurie și dăruire reciprocă și primire în relația voastră. Dacă nu există bucurie, nu există împărtășire adevărată, atunci este timpul să reevaluezi relația. Nu poți să te schimbi sau să alegi pentru altcineva; poți doar să alegi și să schimbi pentru tine.

Amintește-ți, ești responsabil pentru crearea vieții tale. Indiferent dacă asta înseamnă să vă despărțiți sau să mergeți înainte împreună, totul este despre fericirea, claritatea și urmărirea întregului potențial. Nu există bine sau rău − doar întrebarea dacă ești fericit, te simți bine și trăiești la maximum potențialul tău.

Relațiile sunt ca un dans și este crucial să recunoaștem că fiecare persoană implicată are frecvența sa unică. Unii indivizi le poate fi mai ușor să se armonizeze unul cu celălalt într-un anumit tip de relație. Ceea ce funcționează pentru tine poate să nu funcționeze neapărat pentru partenerul tău și invers. Aici începe cu adevărat dansul relațiilor.

Cheia ușurinței într-o relație constă îna fi deschis, a accepta și a fi curios cu privire la cealaltă persoană cu care ai ales să te conectezi. Când vă confruntați cu diferențe sau provocări, rezistați impulsului de a reacționa cu frustrare sau judecată. În schimb, abordați-o cu curiozitate. De exemplu, în loc să te superi pentru ceva, pune întrebări și caută să înțelegi perspectiva celeilalte persoane. Angajarea în dialog și a fi cu adevărat interesat de punctul lor de vedere poate transforma o problemă potențială într-o oportunitate pentru o mai bună conexiune.

Este esenţial să recunoaşteţi că nu toate relaţiile sunt uşoare şi, uneori, s-ar putea să imitaţi tiparele din familia dvs. fără să ştiţi. Modul în care au interacţionat părinţii tăi poate să fi lăsat o amprentă asupra propriei abordări a relaţiilor. Fiţi conştienţi de aceste modele şi urmăriţi să cultivaţi curiozitatea, acceptarea şi alocaţia pentru a construi o conexiune mai armonioasă şi mai împlinită.

Amintiţi-vă că defensivitatea şi reacţia pot crea distanţă şi pot împiedica intimitatea într-o relaţie. Pentru a promova uşurinţa, căutaţi să fiţi mai curioşi, să acceptaţi şi într-o stare de alocaţie. În loc să vă concentraţi asupra problemelor, acordaţi prioritate explorării posibilităţilor împreună cu partenerul dvs.

Dacă cauţi o relaţie mai plăcută şi mai îmbogăţitoare sau te întrebi cum să infuzezi mai multă distracţie în relaţia ta? Iată cinci sugestii şi, dacă acestea nu se potrivesc, nu ezitaţi să vă creaţi propriile sugestii:

Unu: Alegeţi o activitate care vă aduce bucurie amândurora, ceva care stârneşte entuziasm şi creează o experienţă comună. Fie că este vorba de vizionarea unui film, participarea la un eveniment, sau pur şi simplu savurând nişte floricele de porumb, mergeţi la el. Limbajul sau formatul nu contează; cheia este să savuraţi timpul petrecut împreună.

Doi: Găseşte ceva ce merită sărbătorit în cuplu. Ar putea fi socializarea cu prietenii, ieşirea la o cină elegantă sau îmbrăcarea şi exprimarea recunoştinţei unul pentru celălalt. Recunoaşterea conexiunii dvs. poate fi o experienţă încântătoare în sine.

Trei: Încercaţi o inversare de rol. Fiecare dintre voi ajunge să aleagă o activitate pe care celălalt poate să nu o fi ales iniţial. Acest lucru vă încurajează să exploraţi interesele partenerului dvs. și să vă extindeți propriile orizonturi. Poate că nu veți repeta fiecare activitate aleasă, dar veți obține informații unul despre celălalt.

PATRU: PROVOCAȚI-VĂ SĂ ÎNVĂȚAȚI CEVA NOU ÎMPREUNĂ. Descoperiți ce vă entuziasmează partenerul în ceea ce privește interesele sale și împărtășiți-vă și pasiunile. Angajarea în experiențe noi poate fi o aventură de legătură.

Cinci: Dedică timp pentru plăcerea individuală și încurajează-ți partenerul să facă același lucru. Uneori, îngrijirea de sine și urmărirea intereselor personale pot adăuga o dinamică revigorantă relației tale. Planificați o călătorie sau angajați-vă în acte aleatorii de spontaneitate pentru a vă elibera de rutină.

Acești pași vor introduce varietate și vitalitate în relația voastră, asigurându-vă că vă bucurați de momentele împărtășite și continuați să creșteți împreună. Aceasta ar fi o relație ideală în care poți fi radical și orgasmic de vie.

RDICĂ-TE ȘI ROAR

În cele din urmă, aș spune că a fi radical în viață în aceste vremuri înseamnă doar să te ridici și să HOHOTEȘti. Este vorba despre dezvăluirea adevăratului tu care a existat întotdeauna în tine, gata să se elibereze în realitate. Când îți dezlănțui sinele autentic, radiezi autenticitate, pasiune, vitalitate și un nou tip de putere feroce. Este ca si cum ai descoperi o superputere, o potenta incredibila care iti alimenteaza energia si vibreaza cu frecventa de 'heck yeah, we're going for it'.'

În ciuda faptului că am experimentat bătăliile, traumele și dramele din trecut, este timpul să ne ridicăm și să urlăm, făcând lucrurile diferit față de înainte. Ceea ce a funcționat în trecut nu mai contează pentru că nu este acum și nu a dat rezultatele pe care știai că ești capabil să le obții.

Ridică-te și ROAR întruchipează „acum" unde nu există spațiu pentru așteptare. Este vorba despre a lua măsuri pentru a aduce bucurie și a contribui la lumea mai mare și la propria ta viață. Nu există toleranță față de mediocritate, nu te mai mulțumești cu rutina banală de 40 de ore pe săptămână de lucru. Este vorba de a ajunge dincolo de limitele tale anterioare, de a avea încredere în tine ca niciodată și de a avea încredere în capacitatea ta de a crea ceva extraordinar.

Este vorba despre a lupta pentru mai mult, a merge pentru Super Bowl, World Series și toate premiile. Este vorba despre a-ți oferi cel mai bun sine lumii și a te simți învingător. Nu este vorba doar de a face, ci și de a primi. Universul te binecuvântează continuu în fiecare aspect al vieții, personal, relațional, profesional și energetic. Fie că este vorba de crearea spațiului de care ai nevoie sau de primirea a ceea ce îți dorești, se face fără luptă. Chiar și atunci când apar provocări, ele nu mai au chef de lupte, deoarece ați dobândit o înțelegere profundă că puteți face schimbări atunci când este necesar.

Esența Rise Up și ROAR este să știi că posezi un vuiet în interiorul tău, iar ceea ce este destinat pentru tine îți va ieși, fără îndoială, în cale. Dacă rezonați cu această cunoaștere, vă invit să vă alăturați mie în călătoria Rising Up and Roaring împreună.

NOTA DE FINAL

Permite-ți să ai încredere în fericire și să o îmbrățișezi.

Te vei trezi că dansezi cu toate.

— *RALPH WALDO EMERSON*

Dacă unele dintre ideile pe care le-ați citit par o perspectivă radicală, este de așteptat. Când ai trăit într-un mod mic, controlându-ți și porționându-ți energia, închis într-un cerc strâns de mișcare – *în cușca invizibilă a abuzului* –, este obligat să pară puțin fantastic, poate în afara domeniului imaginației tale. face lucrurile complet

altfel...

Pentru a trăi o Realitate Radical și Orgasmic de Vie. Sau, așa cum îmi place să o spun... Să-ți trăiești *ROAR*-ul!

Adevărul este că ceea ce am prezentat aici este doar începutul, într-adevăr, pentru a te duce către Radical Aliveness – un fel de 'Creating After Abuse' pe roțile de antrenament.

Totuși, așa cum am promis la început, instrumentele – concepte, sfaturi și pași – pe care i-am prezentat aici vă vor ghida printr-o mlaștină de rezistență care v-a legat de o experiență restrânsă a vieții.

Rezistența vine în multe forme – și cele mai multe dintre ele arată destul de 'real' și credibile. Se pare cu adevărat că nu aveți bani, timp, energie, cunoștințe sau abilități pentru a face ceea ce doriți.

Dar acestea nu sunt motive sau justificări. Sunt *creații*.

Și toate decurg din ideea că "Ceva nu este în regulă cu mine...vezi?"

Dacă există un lucru de spus despre rezistență, este că există întotdeauna ceva care stă între tine și ceea ce vrei. La sfârșitul zilei, totuși, toate sunt creații – scuze deghizate – concepute cu un singur scop în minte: să te împiedice să te aventurezi dincolo de ceea ce știi și percepi ca fiind sigur.

Când te uiți mai atent, acest tip de siguranță este un termen relativ, o țintă în mișcare, definită de un context pe care l-ai creat la un moment dat pentru a te proteja. Totuși, când trăiești într-o cușcă invizibilă de abuz creată dintr-un trecut abuziv, ce este de fapt sigur?

Așa că data viitoare când simți rezistență, frică să înfrunți ceva sau simți că ai încercat totul și nimic nu funcționează, iată câteva întrebări pe care să ți le pui:

Dacă aș ști că asta mă oprește, aș fi dispus să-i dau drumul? Sunt dispus să renunț la judecata mea despre asta? Sunt dispus să schimb 'x' cu 'y?'

În încheiere, adevărata siguranță poate fi experimentată doar prin expansiune și conștiință, prin propria voastră conștientizare în prezent. Ea vine din învățarea recunoașterii și ascultării şoaptelor conştiinţei din voi, încrederea în ceea ce auziţi şi acţionarea asupra ei clipă de clipă.

Este în a alege fericirea şi a lăsa asta să fie ghidul tău.

Se extinde în uşurinţa, uşurinţa, bucuria şi distracţia care sunt posibile atunci când alegi pentru tine.

Şi, în cele din urmă, învaţă să trăieşti cu bunătate... Pentru alţii, pentru planetă şi mai ales...

Pentru *Tine*.

DESPRE AUTOR

 Dr. Lisa Cooney este un lider creativ, generativ în domeniul transformării personale și o autoritate în a prospera de la traumă la frumusețe. Terapeut licențiat în căsătorie și familie, PhD., Master Theta Healer și facilitator certificat, ea este creatorul Live Your ROAR! Fii Tu! Dincolo de orice! Creați magie! Dr. Munca Lisei a permis mii de oameni să treacă puntea de la abuzul sexual din copilărie și alte forme de abuz până la a trăi o "Radical Orgasmic Alive Reality"

Magia muncii ei se concentrează pe concepte de bază pe care le-a folosit pentru a se vindeca, nu numai de abuzul din copilărie, ci și de o boală care pune viața în pericol. Aceste principii esențiale, care includ —ul celor 4 C Alegerea pentru tine, Angajamentul față de tine, Colaborarea și cunoașterea faptului că universul conspiră pentru a te binecuvânta și

Crearea vieții pe care ți-o dorești – sunt piatra de încercare pentru o transformare profundă și de durată.

Pe lângă propriile ei contribuții revoluționare și "revelatoare" la corpul înțelepciunii transformatoare, ea este înzestrată să folosească modalitățile creative și energetice pentru a-i facilita pe alții să treacă dincolo de obstacole și într-un loc al propriei lor cunoștințe... acel spațiu în care au acces direct la conștientizarea imprimării sufletului lor.

Cunoscută pentru ea "I'm Having It!... Nu contează ce!" abordare a vieții, dr. Lisa călăuzește din suflet și vorbește prin inimă și nu lasă nicio parte sufletească în urmă în întoarcerea unuia la totalitate. Este posibil să se creeze o viață radical vie dincolo de abuz.

Du-te fii grozav...

www.ingramcontent.com/pod-product-compliance
Lightning Source LLC
Chambersburg PA
CBHW071336150726
47997CB00002B/744